AF130114

Holger Haak

Wo ich grad schon mal da bin…

Die Deutsche Nationalbibliothek verzeichnet diese Publikation in der Deutschen Nationalbibliografie; detaillierte bibliografische Daten sind im Internet über http://dnb.dnb.de abrufbar.

Umschlaggestaltung: A. Schott & H. Haak
Herstellung und Verlag: BoD – Books on Demand, Norderstedt

ISBN: 978-3-7357-8228-1

„Jibbt's det ooch als Bier???"

Unbekannter Weddinger, 2013

Neulich auf der Badstraße

Es ist schönes Wetter. Die Sonne hat die paar grauen Regenwolken durchbrochen und ich verspüre den Drang nach draußen. Ich wandele den Panke-Rad- und Wanderweg entlang, an der Stadtbibliothek vorbei, rauf auf die Badstraße. Halte mich dann links Richtung Gesundbrunnen, wo gerade die seifigen Kisten den Berg hinab schießen.
Ein hübsches blondes Mädchen kommt mir entgegen. Wir haben Augenkontakt, flirten für den Moment eines Zwinkerns, lächeln uns an. Sie macht einen Schritt auf mich zu. "Hast Du eine Zigarette für mich?" - Ich zucke mit den Schultern und stammle was von "...bin Nichtraucher..."
Sie lächelt jetzt noch breiter: "Das tut mir aber leid!"

Augen auf – ein Pfeil ist drauf!

Ich rutsche weg und verliere für einen Moment das Gleichgewicht. Ein Bein hängt noch in der Luft, das andere versucht sich gerade zu orientieren und überlegt, wie es sich auf dem für ihn noch neuen und ungewohnten Untergrund, also quasi den geänderten Grundparametern des Weddinger Straßenpflasters, zu verhalten habe.

Der Boden an jener Stelle, über die ich zu wandeln wagte, ein Teil der Weddinger Malplaquetstraße Ecke Utrechter Straße, hat eine eigenartige Metamorphose durchgemacht. Es ist glatt und rutschig. Nicht wie erwartet, der gewohnte und übliche Straßendreck aus Bonbonpapier, Zigarettenkippen, Kronkorken von zuvor geleerten Pilsator-Flaschen. Keine Platinen von zerdepperten 17-Zoll-Computermonitoren, die hier üblicherweise aus dem Fenster im dritten Stock mit Ziel Straßenrand geworfen werden, sobald man sich einen nigelnagelneuen TFT-Flachbildschirm mit High-Definition Auflösung angeschafft hat. Und erst recht nicht die Hinterlassenschaften von so manch spielerischem und hier beheimateten Kampfhund-Mix.

Es ist ganz was anderes auf dem ich ausrutsche. Denn an den normal üblichen Untergrund habe ich mich in langjähriger Straßenerprobung auf dem harten Weddinger Asphalt der Realität eingepegelt und gewöhnt.

Es ist was Anderes und Ungewohntes, was mich in meinem Fortkommen aus dem Ruder laufen lässt.

Es sind Pfeile! Kleine rote Pfeile! Überall in der Malplaquetstraße kleben Aufkleber mit roten Pfeilen auf weißem Grund. Durch das Trägermaterial der roten Druckpfeilteufel wird die ganze Straße zu einer glatten, rutschigen Fläche. Fast so glatt wie die Eisfläche im Erika-Heß-Eisstadion.

Notbremse! Das in der Luft hängende Bein kommt dem noch unentschlossenen Wegrutscher zu Hilfe und schießt in Richtung des harten Bodens. Die Fläche der Sohle knallt auf den Granitplattenboden des Fußweges. Durch das Aufeinanderprallen wird schlagartig Luft verdrängt. Es knallt als ob ein Kampfjet gerade die Schallmauer durchbrochen habe. Und mir schmerzt es. Ich humpele an die nächste Hauswand, wo ich mich abstützen kann, und scanne mit meinen Augen die um mich herum veränderte Umgebung.

Ich sehe überall diese Pfeilaufkleber kleben. Bonbonpapier wird mit Pfeilaufklebern am Boden fixiert. Getränkedosen am Straßenrand tragen ein neues Kleid aus roten Pfeilen. Nun kann man sie am Pfandautomaten nicht mehr einlösen. Der Aufkleber hat das Pfandsymbol durch einen Pfeil eliminiert. Das wären immerhin 25 Cent gewesen. Schon oft habe ich im Vorbeigehen Pfandflaschen, stehen gelassene und leere Bierpullen, auch mal Dosen, mitgenommen und später am Pfandautomaten eingelegt. So mancher Euro ist so als Zuverdienst auf mein Konto geflossen.

Doch hier geht der Aufkleber nicht mehr runter, der Pfeil hält bombensicher.

Wie ich später aus einem Artikel der an jeden Haushalt verteilten Wochenblätter entnehme, handelt es sich hierbei um eine Kunstaktion gegen Müll. Motto: "Augen auf - ein Pfeil ist drauf!"

Eine Künstlerin will zusammen mit den Kindern einer nahe gelegenen Kita ein Zeichen setzen gegen die Vermüllung der Weddinger Straßen und Plätze.

"Unser Spielplatz ist kein öffentlicher Müllplatz!",

malt sie mit den Kindern auf ein selbstgemachtes Plakat. Rund 5000 Aufkleber wurden extra für diese Aktion produziert und werden nun überall angepappt, wo eine Vermüllung, Verschmutzung und Belastung für die Umwelt vermutet wird.

Sogar der neue stellvertretende Bezirksbürgermeister kam, um sich an der Aktion zu beteiligen und im Fokus eines Fotografen (- es ist Wahlkampf -) einen Pfeil auf eine Bodenplatte zu kleben. Er nähme das Thema ernst und hoffe, dass die Aktion Wirkung zeige, damit weniger Müll auf den Boden, dafür mehr in den Abfallbehältern lande.

Dagegen ist nichts einzuwenden. Prinzipiell ist alles zu begrüßen, was zu einem besseren Miteinander und zu einer gemütlichen und heimischen, um nicht zu sagen, muggeligen Umgebung führt.

Die übergroßen Pfeile an den fünf orangefarbenen Filialen der Berliner Stadtreinigung in der näheren Umgebung sorgen jedenfalls nicht für einen gemütlichen Eindruck. Sie wirken irritierend und lenken ab. Das ist zudem gefährlich für die mobilen Straßenteilnehmer. Der Lenker eines Kraftfahrzeuges sieht diesen übergroßen Pfeil, erschrickt, überlegt, was das Zeichen für ihn bedeuten soll, und schon kracht Blech gegen steinerne Blumenbeet-Umrandung dieser an sich eigentlich verkehrsberuhigten Straße.

Ähnlich muss es im Sommer 2009 einem Busfahrer der Berliner Verkehrsbetriebe BVG gegangen sein, als er - abgelenkt von irgendetwas am Straßenrand - auf den Bus eines Kollegen aufgefahren ist und dabei noch jenen Bus und zwei davor stehende PKW mit seinem großen Gelben vor sich hergeschoben hat. Es habe ihn etwas irritiert und als er dann wieder nach vorne geschaut habe, sah er nur noch die Rückwand des anderen Busses, die die volle Frontscheibe ausfüllte, soll er später zu Protokoll gegeben haben: "Da war es zu spät zum Bremsen!"

In jenem Falle waren es aber wohl keine Pfeile. Wahrscheinlicher ist es, dass der Busfahrer die damaligen Wahlplakate von Vera Lengsfeld mit deren Oberweite neben dem dekolletierten Ausschnitt unserer Kanzlerin Merkel erblickt hat. Allzu verständlich, dass er den darauf folgenden Aussetzer nicht zugeben mochte. Wer mag das schon?

Und Müll mag auch keiner. Umso mehr ist eine Aktion, die Aufmerksamkeit und Zeichensetzen verspricht, zu begrüßen.

Allerdings… wir sind hier im Wedding!

Ich lehne immer noch mit einem Arm abstützend an der Hauswand, mit meinen Augen die Umgebung abtastend. Schräg gegenüber lehnt wie üblich ein Trinker an einem lichtgrauen T-Com Verteilerkasten, auf dem einige Bierflaschen abgestellt sind. Diese Feierabendzehrung ist mit Sicherheit aus dem Spätkauf gleich am Platze. An der rückwärtigen Jeans-Hosentasche des Trinkers klebt unübersehbar ein Pfeil. Auch er soll weg. Dabei stört er keinen. Und will auch nicht gestört werden. Auch der Aufkleber ist ihm vollkommen wurscht.

"Du, guck mal!", quäkt es mir von schräg unten entgegen. Ein kleines Mädchen sitzt dort auf dem Pflaster und präsentiert mir stolz lächelnd, was es zwischen den Fingern ihrer linken Hand hält. Unverkennbar ein trockenes Kackwürstchen, eine tierische Hinterlassenschaft. Es fängt an zu kichern und mit "Batsch!" klebt es mit der anderen Hand einen Pfeilaufkleber auf das Würstchen. Das Kind hat Spaß bei dieser Aktion.

Aber wo sind die Mütter, die Erzieherinnen, die hier und jetzt einschreiten? Das ist doch „Bah! Bah!" und eklig. Was man sich da an Krankheiten und Infektionen holen kann! Keine Frau, die mit einem Hechtsprung und einem neuen Leichtathletik-Rekord über den Zaun des Spielplatzes hechtet, um dem armen kleinen Kind beizustehen und den Armeen von Viren und Bazillen aufrechten Hauptes sich entgegen zu stellen, wie einst Johanna von Orleans den feindlichen Schwertkämpfern.

Nichts passiert. Wir sind hier im Wedding! Und nicht im Prenzlauer Berg, wo wahrscheinlich sofort in der Folge sämtliche Hundehaltung verboten wird.

Der Wedding ist gelassen. Nichts kann die Einwohner oder gar den zum Stadtteil degradierten Bezirk im Ganzen aus der sprichwörtlichen Ruhe bringen. Trendresistent und autark, immun gegen nahezu jedwede Neuerung. Und wenn es wirklich kommen soll, dann kommt es halt. Muss dann wohl so sein. Kann man nichts machen.

Und sollten im Schillerpark keine Karnickel mehr rumhüpfen, sondern bedingt durch den Klimawandel Giraffen hier im Weddinger Grün an den oberen grünen Stengeln und Ästen der Bäume knabbern, oder gar die Seestraße aufgerissen und zum neuen Blaumilchkanal werden, würde es den Weddinger nicht umhauen.

Am nächsten Morgen beobachte ich einen BSR-Mann im modischen Orange, wie er sich hinterm Kopf kurz überm Haaransatz im Nacken kratzt, und dann mit einem Kopfschütteln Aufkleber-Überreste aus den Borsten seines Fegers fingert. Grummelnd brabbelt er vor sich her: "So ein Dreck!"

Golf

Mein erstes Auto war ein Golf I, Baujahr 1978, Diesel. Mit Vorglühverstärkung! Das heißt, er brauchte zum Vorglühen nur sechs Minuten statt acht. Auf Golf hatte ich auch gelernt und meinen Führerschein gemacht. Besonders in Erinnerung geblieben ist mir die Überlandfahrt. Mein Fahrlehrer war groß und schlaksig. Bis heute frage ich mich, wie er seine dünne Figur auf dem Beifahrersitz parken konnte, ohne sich die Kniescheiben an der Konsole zu zerdeppern. Er faltete sich also in den Sitz und die Überlandfahrt konnte beginnen. Dachte ich.

Doch es bedurfte noch einer Vorbereitungsaktion. Mein Fahrlehrer holte eine Chromdioxid-Kassette vor, steckte diese in den davor vorgesehen Schlitz am Autoradio-Kassetten-Spieler. Jetzt durfte ich starten.

Es wurde laut. Nicht der Motor war es, sondern die Musik. Metal!

Genauer gesagt eine Art Speed-Metal.

Mein Fahrlehrer wippte die ganze Strecke über leicht mit dem Kopf. Genüsslich, mit halb geschlossenen Augen. Kein Headbanging. Keine Haare wurden geschüttelt. Als Außenstehender hätte man meinen können, wir würden seichten Jazz hören.

Ich versuchte, mich auf die Fahrt und den Verkehr zu konzentrieren. Es wurden die längsten 90 Minuten meiner Autofahrer-Karriere.

Summer in the City

Es ist ein schwül-heißer Nachmittag in der aufgeheizten City von Berlin. Draußen ist Sommer. Bei mir in der Dachgeschoßwohnung irgendwie auch. Im Radio lässt die Wettertante im Anschluss an die Neuigkeiten aus aller Welt den sommerlichen Wetterbericht mit den folgenden Worten in den Äther: „Es bleibt trocken und sonnig. Die Temperaturen um 16 Uhr liegen jetzt NUR NOCH zwischen 32 und 34 Grad." Danach läuft Lovin' Spoonful: „Summer in the City".
Wow, wie einfallsreich!
„Hot town, hot town…!". Ja, weiß ich doch! Schöner Song. Wenn auch nicht grad neu jetzt. Weder vom Inhalt noch vom wahren Alter her.
Schalte das Radiogerät aus und entschließe mich, einen hoffentlich kühleren Ort aufzusuchen.

Eine halbe Stunde später stehe ich in meinem Lieblingslokal am Tresen. Vor mir ein großes und vor allem kühles Radler.
Draußen ist Sommer. Hier drinnen auch!
Nicht wirklich kühler, allerdings ein wenig angenehmer da man hier mit kühlem Nass für die Kehle recht gut versorgt wird.
Mancher nutzt es tatsächlich dann ebenso für die äußere Anwendung. Wie dieser Typ da neulich, welcher zwei große Gläser bestellte. Sich dann, als diese gutgefüllt und angenehm temperiert serviert wurden, eines der Gläser nahm, und sich den Inhalt über den Kopf und Nacken und in den hinteren Kragen seines Hemdes schüttete. „Hinter die Binde kippen.", nahezu wortwörtlich, hätte dieser Typ noch einen Schlips

oder ähnliches um den Kragen gehabt. Hatte er aber nicht. Man sah es, wie es ihm merklich besser ging, während er sich dem zweiten gut gefüllten Glase widmete, indem er es mit etwa drei Zügen leerte. Vertieft in meine Gedanken habe ich nicht sofort gemerkt, wie zwischenzeitlich jemand den Platz neben mir am Tresen eingenommen hat. Erst als die Bedienung ihm ein eisgekühltes Gläschen mit einer milchigen Flüssigkeit als Inhalt hinstellt, werde ich dem Neuankömmling gewahr.

Ich hätte ihn eigentlich früher bemerken müssen, denn zu dieser Zeit und bei diesen Temperaturen sind die meisten noch in den Parks, auf Liegewiesen, oder am Wasser der Strandbäder. Kurzum: das Lokal ist momentan genauso überfüllt, wie ein Eiscafé am Nordpol es wäre.

Ich bestelle ein neues Radler und mustere meinen neuen Tresennachbarn von oben bis unten.

„'n bisschen spät für Karneval, oder?!"

Manchmal kann ich mir blöde Kommentare einfach nicht verkneifen. Ich weiß, dass sie in dem Moment nicht recht originell sind. Aber was raus muss, muss dann auch einfach raus. Andernfalls verstopft in meinen Synapsen etwas. Und was dann passieren könnte, möchte ich meiner näheren Umwelt einfach nicht zumuten.

Der Angesprochene dreht sich ein wenig zu mir und gibt einen leisen Brummton von sich. Soll wohl eine Antwort darstellen. Ob positiv oder negativ lässt sich dabei nicht beurteilen.

Die Karnevals-Bemerkung war nicht so weit hergeholt. Er trägt keine Schuhe, läuft also barfuß, - beziehungsweise steht gerade in einer Pfütze aus Wischwasser, Bier und wasweißichnochalles – dazu kurze

Weddinger Vorgarten

Shorts aus Wildleder, die eher aussehen, wie ein Minirock. Ein Lendenschurz vielleicht? Würde ja zum restlichen Outfit passen. Gab es da neue Sommer-Kollektions-Pakete bei Outfittery zu bestellen? Um den Hals Ketten mit Tierzähnen, Holzperlen und anderem Gebammsel, wie man sie in Esoterik- und Kunsthandwerksläden bekommt. Auf dem Kopf drei Federn ins lange Haar gesteckt. Man könnte meinen, die junge Pierre Brice stehen neben einem. „Naja, entschuldige…", sage ich, „Du hast das wahrscheinlich heut schon öfters gehört. Liegt ja auch nahe, wie Du da so in dieser Verkleidung als Indianer rumläufst."

Er leert sein Glas mit der milchigen Flüssigkeit in einem Zug und knallt im Anschluss das nun geleerte Glas auf die Platte des Tresens. Er nickt der durch den Knall aufmerksam gewordenen Bedienung kurz zu, und wendet sich dann an mich: „Ich BIN Indianer!"

„Oh", geb ich schuldbewusst von mir und wende mich wieder meinem eigenen Getränk zu.

Wir stehen etwa eine halbe Stunde schweigend und trinkend, jeder für sich selbst vor sich hin grübelnd, am Tresen. Zwei Männer, wie sie sich näher und entfernter zur gleichen Zeit nicht sein könnten. In dieser Spanne hat der Indianer noch weitere vier geeiste Gläser mit dem trüben Inhalt erhalten und geleert. Und es kommt, wie es kommen muss. Weiß man doch als durchschnittlicher Karl-May-Leser und als Konsument von so etlichen Italo-Western, dass eine Rothaut zwar auf Feuerwasser steht, diesen allerdings nicht so gut verträgt.

Wahrscheinlich fehlt neben der Übung auch ein En-
zym. Ähnlich wie bei den Asiaten, die keine Milch
trinken können.

Er wird lockerer. Und redselig: „Du hast Dich entschuldigt, Bruder. Das ist gut. Entschuldigt hast Du
dich. Das gut."

Ich bin viel zu überrascht über das unerwartete Lob,
dass ich darauf reagieren könnte. Brauch' ich aber
auch nicht. Denn er legt sogleich verbal nach.

„Weißt Du, was die Leute von mir wollen? Weißt Du
das?"

Ich schüttele den Kopf. Nein, woher sollte ich das
auch wissen.

Er leert das aktuelle Glas und schüttelt sich kurz.
Überlegt, und setzt dann fort:"Regentanz! Ich soll
einen Regen herbei tanzen. Das glaubt man doch
nicht, Bruder!"

„Naja, eine kurze Abkühlung wäre schon nicht
schlecht.", gebe ich zu Bedenken.

„Regentanz?! Ich fasse es nicht. Das ist doch Folklore.
Das hat schon bei meinen Ahnen nicht funktioniert.
Und die waren noch richtig nah an den heiligen Geis-
tern. Regentanz?! Pah! Das ist doch eklig!"

Ich bin verwundert. „Eklig? Wie meinsten ditte?",
hake ich nach.

„Die weißen Brüder und Schwestern haben keine Ahnung vom Kreislauf der Natur. Auch wenn ich es
könnte. Also mit Tanz Regen heraufzubeschwören.
Ich würde es nicht machen. Also nicht jetzt zu dieser
heißen Zeit."

„Ja, aber warum denn nicht?"

„Du hast auch keine Ahnung, oder, mein Bruder?",
schaut er mich nun mit vor Verwunderung großen
Augen an. Dreht sich zur Bedienung und gibt ihr ein

Zeichen. Er braucht noch mehr Feuerwasser. Dann wendet er sich wieder zu mir: „Pass auf!" Das kenne ich. Immer wenn jemand „Pass auf!" sagt, Stand-up-Comedians beispielsweise, dann ist das der untrügliche Hinweis, dass nun gleich die unvermeidliche Hammerpointe kommt.

„Pass auf!", sagt der Indianer. „ Es ist jetzt heiß in der Stadt, oder? Verdammt heiß! Zu warm für Euch verweichlichten Bleichgesichter. Ihr schwitzt. Ihr trinkt. Große Radler, wie ich sehe. Und schwitzt noch mehr. Der Schweiß verdampft auf Eurer aufgeheizten Haut. Kleinste Schweiß und Wasserpartikel steigen nun auf. Leicht geworden, wie ein Vogel, den man aus seinem Käfig entlässt.

Leicht und frei. Kannst Du mir soweit folgen, mein Bruder?"

„Ja, glaub schon.", antworte ich.

„Sie steigen weiter auf, die Partikel. Bis es Ihnen zu kalt wird. Zu kalt und zu einsam. Sie treffen auf andere Schweißwasserteilchen und rücken dichter zusammen. Das machen die Brüder und Schwestern in der kalten Winterszeit auch. Sie rücken zusammen. Die kleinen Wasserteilchen machen das in der kühlen Höhe genauso. Sie rücken dichter zusammen, bis sie nicht mehr allein sind und dicke große Wolken bilden."

Mir schwant so langsam, wo der rote Bruder mit seiner Erklärung hin will.

„Und wie auch bei den Kindern der Erde, den Menschen, ist es in den Wolken so: je mehr und je dichter sie aufeinander hocken, die Partikel, desto mehr Konfliktpotential gibt es. Eine Kraft und Energie, die sich dann auch irgendwie Luft machen muss und entlädt."

„Ein Gewitter, richtig?!"

„Richtig, mein weißer Bruder! Und deshalb versteh ich nicht, wie die Menschen sich freuen könnten, wenn ich Ihnen Regen herbei tanze. Kreislauf der Natur. Das ist doch eklig, wenn da der ganze Schweiß wieder runter...oh, herzlichen Dank, Schwester."
Die Bedienung stellt ihm ein weiteres Glas hin.
„ Küstennebel. Leckeres Getränk. Hab ich an der Ostsee kennengelernt."
Er setzt an, leert das Glas, stellt es wieder auf den Tresen. Dann sackt er in sich zusammen und rutscht auf den Dielenboden.
Quod erat demonstrandum. Indianer vertragen kein Feuerwasser.
Ich widme mich wieder meinem Radler und transpiriere vor mich hin.
Hier drinnen ist Sommer. Draußen auch. Immer noch.

Der neue Untermieter

Man, in diesem konkreten Falle ich selbst, spürt es langsam hochsteigen. Im Nacken ein wenig verspannt, zieht sich ein Drücken und Pochen bis hoch in die Schläfen. Kopfschmerzen. Migräne. Blutdruck im Körper und Luftdruck der Umgebung sind keineswegs der gemeinsamen Auffassung, sich auf einander abzustimmen. Wetterfühligkeit! Je älter ich werde, desto schlimmer wird es. Mitunter spüre ich schon 24 Stunden vorher, dass der Luftdruck fällt, oder steigt Dass es Schnee oder Regen geben wird. Ich könnte ein biologisches Barometer sein.

Nun ist es wieder soweit, es pocht, und ich kann sicher sagen, dass es nichts mit dem Wetter zu tun hat. Denn ich habe seit neuestem einen Untermieter. Von einen Tag auf den anderen war er da, ist einfach eingezogen ohne mich zu fragen. Normalerweise stört er mich auch nicht. Er ist halt da. Ich lass ihn machen. Und er lässt mich in Ruhe. Es klopft und bummert stakatomäßig in Schläfenhöhe von innen an meine Schädeldecke. Es schmerzt. Vielleicht hängt ja der kleine Mann in meinem Kopf ein Bild auf und muss vorher den Haken in die Wand bekommen?!

Mein Kopf dröhnt!

Ich bin mir nicht sicher, ob ich beruhigt oder beunruhigt sein sollte. Beruhigt darüber, dass er sich in meinem Kopf sehr wohl und heimisch fühlt?! Oder beunruhigt, dass es doch kein Haken für ein Bild, sondern ein neues Fenster wird?!

Beschließe, mir Bier aus dem Kühlschrank zu holen und den kleinen Mann in meinem Kopf zu einer Pause zu überreden.

Kopfüber

Es ist dunkel.
Es ist ruhig.

Sehr ruhig ist es hier. So ruhig, dass man von weitem noch die Fahrgeräusche von vereinzelten Kraftfahrzeugen hören kann. Um diese Zeit fahren nicht mehr viele. Und die wenigen, die da noch unterwegs sind, die kann man hören. Dabei ist die Straße da unten ein ganzes Stück weg.

Auch die S-Bahn kann man gelegentlich hören. Wenn sie fährt. Oft tut sie das heutzutage nicht mehr. Früher fuhr sie öfter. Nachts auch alle zwanzig Minuten. Aber heute nicht mehr. Warum sie nicht mehr so häufig fährt, habe ich nicht herausfinden können. Ich habe mal vor einiger Zeit bei einem meiner wenigen Ausgänge probiert, am Bahnhof eine Auskunft zu bekommen. Vergeblich. Es scheint einfach kein Bahnpersonal mehr auf den Bahnhöfen zu existieren.

Manchmal frage ich mich, ob die Menschheit überhaupt noch existent ist.

Nicht, dass ich sie wirklich vermissen würde. Nein. Ich genieße diese Ruhe, die ich hier in meiner Behausung habe. Hier kann ich ungestört kopfüber abhängen.

Nur alle paar Tage mal, kommen ein paar Leute unten in den Turm und verschwinden über irgendeine Treppe oder Leiter in den dunklen Tiefen voller Trümmer. Manchmal verharren sie kurz, und einer, der diese Gruppe ganz offensichtlich führt und leitet, redet zu dieser Gruppe. Erzählt von anderen Zeiten, als hier noch keine Trümmer lagen. Von Zeiten, wo es auch von meiner Sorte noch mehrere gab, und wir alle genug an Nahrung hatten.

Hin- und wieder schaut ein einzelner Teilnehmer dieser Karawane auch nach oben. Von sich aus gesehen nach oben, und könnte mich sehen. Mich erkennen. Allerdings sind die Menschen von heute mit einer gewissen Blindheit geschlagen und erkennen und realisieren auch nur das, was sie wirklich zu erkennen glauben. Sie "sehen" all die kleinen Fledermäuse, doch mich nehmen sie nicht bewusst war. Wahrscheinlich bin ich für sie nur ein dunkler Fleck an der Decke dieses alten Flakturmes. Ich bin etwas, was nicht sein dürfte. Daher erkennen sie mich auch nicht. Ich bin weder Fledermaus, noch Vampir. Auf alle Fälle habe ich auch nichts der menschlichen Rasse an mir. Mich, oder so Etwas wie mich, kann es nicht geben, kann da nicht einfach so kopfüber von der Decke hängen.

Nach den vielen Jahren der Enthaltsamkeit und dem Überschuss an rotem Saft während der Jahre, wo es hier so furchtbar geknallt und durchgerüttelt hat, bin ich nahezu weg davon. Ist auch viel gesünder. Früher war ich ständig wie besoffen von dem frischen, warmen Rot. Ständig im Rausch, denn frische Leichen lagen nachher überall herum. Heutzutage ist die Qualität nicht mehr so gut: HIV, BSE, AKW.

Sei also beruhigt, solltest Du, Unbekannter, einst an einer solchen Führung durch meinen Flakturm und Schlafzimmer machen, und es tropft dir was Rötliches auf Deine Kleidung, dann ist es kein Blut. Sondern eher die scharfe Soße von meiner Fleischtasche, die ich mir auf einer meiner Spazierflüge geleistet habe. Das geraspelte Fleisch hat so ein schönes Aroma von Verwesung, was mich an früher erinnert, und gegen Knoblauch-Kräuter besitze ich eine gewisse Abneigung.

Und solltest Du mich dann erkennen, wider reellem Erwarten, dann komm, komm hoch und häng Dich neben mich. Betrachte die Welt aus einer ganz neuen und anderen Perspektive:

Kopfüber!

Von Apps und Charakterstudien

Aus Gründen, auf die hier und jetzt an dieser Stelle nicht näher einzugehen lohnt, habe ich momentan etwas mehr freie Zeit zur Verfügung als noch vor wenigen Wochen.

So kann ich es mir hin und wieder auch erlauben, um die Mittagsstunde in ein nahgelegenes Café zum Frühstücken und Verweilen zu gehen. Meist habe ich eine Lektüre dabei. Ein Buch, in dem ich zu der Zeit gerade lese. Oder aber ich bediene mich einer der im Café ausliegenden Tageszeitungen und Magazinen. Doch das eigentlich Interessante steht selten in den Nachrichten, Berichten oder Reportagen der Journaille. Viel aufregender ist das sogenannte „People Watching". Das Beobachten draußen auf der Straße vorm Café vorbeiflanierender Menschen. Oder derjenigen Personen, die - wie man selbst - sich gerade eingefunden haben, um ein Frühstück, Mittag, oder schon das erste Bier des Tages hier in diesem Café zu sich zu nehmen.

Ein besseres Terrain für sozialwissenschaftliche Studien gibt es nicht. Nun ja, vielleicht noch die öffentlichen Verkehrsmittel wie U- und S-Bahn in Berlin. Dieses Eingeständnis muss gemacht werden. Auch wenn dieses Feld für solche Studien ein gänzlich eigenes, um nicht zu sagen, eigentümlicheres ist. Für mich als Schriftsteller ist es immer wieder faszinierend, welche Charaktere sich herausbilden können, ohne dass man seine Fantasie beanspruchen muss, um sich besonders spezielle Fälle für seine eigenen Texte aufzubauen. Oft reicht es vollkommen aus, seine Umgebung und die darin befindlichen Personen zu beobachten und auf sich einwirken zu lassen. Also deren Aura. Oder ihr Agieren im Raum. Oder bestimmte Situationen, die sich aus dem Zusammenspiel dieser Charaktere, oder vielleicht aus dem Selbst ihrer Persönlichkeiten entwickeln.

Das macht mir Spaß. Und ist oft wirklich aufregender, als die Zeitungsmeldungen.

Kleines Beispiel.

In der Zeitung, die aufgeschlagen vor mir auf dem Tisch liegt, steht in einem Artikel beschrieben, dass jetzt per gesetzlicher Regelung durchgesetzt werden solle, man könne als Verbraucher Apps, Applikationen, wie kleine Zusatzprogramme und Spiele, in einer gewissen Frist nach Kauf und Herunterladen auf sein mobiles Endgerät, wie Smartphone oder Tabletcomputer, an den Verkäufer oder Hersteller zurückgeben. Das finde ich okay. Wenn einem was nicht gefällt, was man weder austesten noch vor dem Kauf wirklich begutachten konnte, bei Nichtgefallen wieder zurück. Was normal im Handel mit Umtauschrecht oder Nachbesserung gehandhabt wird, sollte auch im virtuellen Handelsraum im Internet funktionieren.

Meine Meinung.

Weiter geht es im Artikel um technische Details, welche mich als Leser stark ermüden, da mich diese nicht wirklich interessieren.

Also schweife ich ab, wende meinen Blick von der Zeitung ab und lass ihn durch den Raum des Cafés gleiten. Meine Aufmerksamkeit bleibt nun bei einem Mann, der am Tisch sitzt, welcher sich am nächsten der Tür wo es zu den im hinteren Bereich gelegenen Örtlichkeiten und der Küche geht.

Dieser hat gerade sein Frühstück bekommen: einen Teller mit Belag, eine Tasse Kaffee und ein Brötchenkorb mit einer Schrippe und einem Crossaint. Ein wenig neidisch werde ich schon. Immerhin warte ich schon geraume Zeit auf mein eigenes Frühstück. Jedenfalls so lange, dass ich bereits nahezu die gesamte Zeitung durchhabe.

Doch irgendetwas scheint an dem Mann befremdlich. Sein Oberhemd zeigt mehrere Flecken. Na, ein frisches Hemd hätte er sich wenigstens anziehen können. Auch wenn wir hier auf dem Berliner Wedding sind. Zu einem Frühstück in einem Café sollte man doch irgendwie ordentlich angezogen sein, finde ich. Mein Blick mustert den Mann weiter, streift auch nach unten, wo man unter dem Tisch noch etwas von seinen Hosenbeinen und Schuhen entdecken kann. Die Schuhe waren sicherlich mal schnieke Treter. Jetzt haben sie Löcher, wie man erkennen kann. Auch die Hose weist Löcher auf. Und Risse. Risse, wie sie entstehen, wenn sich beispielsweise etwas im Hosenbein verfangen hat. Oder gar verbissen. So sieht das bei dem Mann aus. Naja, denk ich mir. Wenn er nicht gerade selbst einen Hund besitzt, dann vielleicht seine Freundin, oder jemand aus der Familie. Vielleicht arbeitet er auch nur einfach bei der Post.

Der Mann greift nach der Kaffeetasse. Ach herjeh, jetzt hat der Unglückliche mit dem Daumen in die heiße Brühe gegriffen. Er quiekt kurz auf und steckt sich den Daumen in den Mund. Wie kann man nur so tollpatschig sein und IN seinen Kaffee greifen?

„Mein lieber Herr, Sie haben sich den Daumen ja komplett verbrüht. Wie haben Sie denn das geschafft?"

„ Ach, Herr Doktor, fragense nicht..."

Ich bin nun komplett im Bann. Ich kann diesen Typen nicht unbeobachtet lassen.

Als die Bedienung auf den Weg vom Gastraum in Richtung Küche am Tisch vorbeikommt, versucht der Daumenlutscher sich bei ihr bemerkbar zu machen, indem er sie antippen möchte.

Dabei kippt er seitlich vom Stuhl, sein Oberkörper gibt der Gravitation nach und rauscht Richtung Dielenfußboden. Ein Unglück kommt nicht allein: mit der freien Hand, mit der er die Dame vom Service antippen wollte, bleibt er in der Schlaufe ihrer Schürze hängen und reißt ihr diese somit vom Leib.

Die Bedienung ist für einen Moment viel zu baff ob dieser ungewohnten Situation. Nachdem sie sich nach einer Schrecksekunde gefangen hat, haut sie dem noch am Boden hockenden Unglücklichen ihr hölzernes Tablett direkt vor den Kopf. Es scheppert ungemein. Nun spritzt Blut. Der Mann drückt sich ein Zipfel der Tischdecke an die Nase, die gerade eine rote Flut preisgibt. Natürlich reißt er dabei das komplette Frühstück mit vom Tisch, so dass sich Konfitüre, Wurst, Brotkorb und Kaffee samt Geschirr über den Boden verteilen.

Die Bedienung scheint sich in die Küche gerettet zu haben, während der Pechvogel sich hochkämpft und die Tischdecke an seine Nase drückend die Toilette aufsucht.

Ich geb ein wenig Vorsprung.

Dann schleich ich mich ebenfalls auf die Örtlichkeit.

Der Mann hängt über dem Waschbecken und schluchzt.

Ein Mann der weint, trifft mich extrem. Damit kann ich schwer umgehen.
Ich versuch in irgendwie zu trösten und lege ihm meine Hand auf die Schulter, um ein beruhigendes Gefühl zu vermitteln.

Da bricht es aus ihm heraus.
Schuld sei das Balg. Warum mussten sie, seine Frau und er ihm auch dieses Smartphone schenken. Sowas braucht doch eigentlich keiner. Dabei wollten sie doch nur, dass er sich melden könne, wenn er mal länger durch die Gegend strolche. Oder erreichbar sei. Wenn es Futter gäbe, zum Beispiel.
Futter? Ihr Junge bekommt Futter?
Nein, nein, sagt er, so ist das nicht gemeint. Also er wäre schon so etwas wie ein Kinderersatz für ihn und seine Frau. Zumal er für einen Hund doch recht intelligent ist, ja fast menschlich wirke.
Ich höre erstaunt weiter zu.
Jedenfalls, erzählt der Mann, ist alles anders, seit der Hund ein Smartphone besäße und damit auch umzugehen verstünde. So hat er sich bereits diverse Apps runtergeladen, mit denen er sich die Zeit vertreibt. Das ist auch ganz schön. Nur verdirbt es den Hundecharakter, wenn man die Tiere wie Menschen behandelt. Das sei ihm jetzt klar. Denn als er gestern dieser anderen Hündin am Imbiss den Kopf gekrault habe, und heute Morgen dazu auch noch „nur" Rind in den Napf tat, da hätte sein Hund die Voodoo-App aktiviert und spiele mit einem virtuellen Herrchen auf seinem Smartphone Rachepläne durch. Das Ergebnis sähe ich ja.
Dann bricht er am ganzen Körper zitternd über dem Waschbecken zusammen.

Hier kann ich nicht mehr helfen und gehe zurück in den Gastraum.

Mein Frühstück steht zwischenzeitlich an meinem Platz.
Nur die Sitzfläche wird jetzt von einer Katze okkupiert, die meint, sich dort zusammenrollen zu müssen.
Ich kraule sie am Kopf und sie schnurrt laut und deutlich.
Ich setze mich auf den Platz daneben und will mir das Frühstück herüberziehen.
Unglücklicherweise stütze ich mich beim Herüberbeugen auf den Rand der Untertasse, auf der der Kaffee steht. Durch die Hebelbewegung fliegt die Tasse mit der herrlich heißen Flüssigkeit wie vom Katapult geschossen dem Gast am Nebentisch direkt in den Schoß.
„Aua!", denk ich mit dem ersten Gedanken. Der zweite Gedanke gilt unserem Kater, dem wir zu Weihnachten ein Smartphone geschenkt haben, und der eben gekraulten Katze an meinem Platz. „Verdammt, er wird doch nicht auch diese App....?"
Ich erkenn noch den Gast vom Nebentisch in seiner Lederkutte mit irgendeinem Rockeremblem.
Sehe die Faust kommen.

Dann wird's dunkel!

Auch ein alter Firmenname kann nicht darüber hinwegtäuschen, dass hier gleich vorgelesen statt geträllert wird.

Mein Kind hat gefragt

„Was hast Du denn da drinne?", fragt mich das Kind, welches neben mir steht. Mit großen fragenden und blauen Kulleraugen steht da dieses kleine Geschöpf mit blondem Wuschelkopf und wartet auf eine Antwort von dem Erwachsenen.
Also mir.

Und mir ist das irgendwie unangenehm. Es gibt halt Dinge, die man nicht so einfach mit einer kurzen Antwort begründen könnte. Man kann den Kleinen auch schlecht auf Wikipedia verweisen. Lies doch dort nach, Du Gör!
Das geht nicht. Man müsste ihm doch erst mal erklären, wie das da so funktioniert mit dem Internet-Lexikon. Dieser digitalen Wissensbank.
Und in meinem Falle wäre es sogar unmöglich, da dafür mit Sicherheit noch kein Wikipedia-Eintrag existiert. Vielleicht in nächster Zukunft. Wenn jemand aus dem gerade anwesenden Publikum meint, dafür einen Fachbegriff kreieren zu müssen und dieses als allgemein verbindliche Erklärung dort in der Wissensbank zu hinterlegen. Als belegendes Beispiel für einen Holgerismus, oder so.
„Sag doch mal! Was hast'n da?", hakt das Kind nach.
„Das geht Dich nichts an.", antworte ich nun, nachdem ich mich wieder ein wenig gefasst habe. Ich dreh mich weg und laufe nun ein Stückchen weiter hoch in Richtung Türkischem Supermarkt. Den Beutel in meiner Hand halt ich fest. Immer darauf bedacht, dass kein verräterischer Krümel oder gar Geruch aus diesem heraus kommt, den Haltegriff wie eine Schlaufe

über das Handgelenk gezogen, die oberen Ecken mit eingerollt, fast wie einen zugebundenen Sack. So halte ich den Beutel, welcher immer schwerer wird und meinen Arm recht arg nach unten zieht. Ich bemerke, dass das Kind mir folgt. Es beobachtet mich sehr aufmerksam bei meinem Versuch recht unauffällig zu wirken. Das kann natürlich nur missglücken.

„Pscht, pscht!". Ich versuche es mit einer wedelnden Bewegung der freien Hand wegzuscheuchen, wie ein störendes Insekt. Wie eine Biene oder Mücke. Allerdings ist auch so kleines Kind größer als ein Insekt. Gemeinsam haben sie, dass ihnen das Wedeln mit der Hand überhaupt nichts ausmacht. Völlig unbeeindruckt schaut das Kind mich aus den immer noch so großen Kulleraugen an.

„Hast Du keine Eltern? Geh zu Deiner Mama und Deinem Papa."

Das Kind zuckt mit den Schultern und antwortet: „Nö. Hab ich nicht. Willst Du meine Mama sein?" Die letzten Worte sind mir so im Kopf aufgetaucht. Hat es das wirklich gesagt? Oder stell ich mir das gerade in meinem stressgeplagtem Zustand nur vor? Hab ich früher zu viele Tierfilme geschaut?

„Kann ich Dich adoptieren?", fragt das Kind. Und setzt nach: „Dann musst Du mir auch sagen, was Du da im Beutel hast! Weil ich Dein Kind bin!" Boah, wer hat dieser Kröte diese Logik beigebracht? Könnte wirklich glatt von mir sein.

Dabei hat der Tag recht harmlos angefangen. Es ist Ostersamstag. Sonnig und warm. Die Dachgeschoßwohnung heizt sich entsprechend auf. Das bekommt auch der organische Anteil des Mülleimerinhaltes mit und beginnt entsprechend biochemischen Gesetzgebungen zu folgen und zu reagieren. Bereits am Nachmittag gründonnerstags waren die Hausmüll-Tonnen auf unserem Innenhof zum Bersten überfüllt. Man bekam den Deckel nicht mehr heruntergedrückt. Freitag war Feiertag und demnach keine Abholung. Und auch am heutigen Samstag wurde kein Hausmüll abgefahren. Und es stehen mit Sonntag und Montag noch zwei Feiertage ohne jedwede Abholung bevor. Es stinkt zum Himmel.

Gut, dass wir nicht rauchen, denk ich mir noch an den Tonnen im Hof. Das ist schon eine explosive Mischung hier. Versuch, den Deckel soweit wie möglich runter zu drücken und schlurfe anschließend mit dem Beutel in meiner Hand vor die Haustür auf die Straße. Dort stehen so kleine bis mittelgroße Schuttcontainer von den Wohnungssanierern hier in der Straße. Zu irgendwas muss die aufkommende Gentrifizierung doch Nütze sein. Aber nichts da.

Beide Container sind per Deckel und mit riesigen Vorhängeschlössern gesichert. Natürlich nicht aus Angst, dass was heraus genommen wird.

„Hey, guck mal! Die Kloschüssel ist doch noch gut. Die geht doch noch. Die nehmen wir mit."

Nein, man hat Angst, dass da noch mehr Müll hinein geworfen wird. Es ist schon geschehen, dass man den ursprünglichen Container unter aufgehäuften Müll-, Schutt- und Sperrmüllbergen nicht mehr ausmachen konnte.

Auch das eine Berliner Gesetzgebung, die bisher nicht in Wikipedia Einzug gehalten hat. Schließe Dein rostiges Klappergestell von Fahrrad irgendwo an, und siehe da: sehr bald wird dort eine ganze Ansammlung von schrottreifen Fahrgestellresten sein.

Ich stehe ein wenig resignierend vor dem verschlossenen Container. Ein Zurück gibt es nicht mehr. Die Haustür ist zugefallen und meinen Schlüssel hab ich auch nicht dabei. War ja nicht abzusehen, dass ich mit unserem Hausmüll bis auf die Straße gehe. Na gut. Wenn ich schon mal unten bin, kann ich ja mal auf der Müllerstraße schauen, ob ich was Entsprechendes finde. Schließlich ist dort an diesem Wochenende ja Osterfest. Nicht Müllerstraßenfest, sondern Osterfest. Mit einer, wie der Veranstalter vorab versichert, „facettenreichen Handels- und Schlemmermeile und einem farbenfrohen Kulturprogramm". (Berliner Woche v. 16.04.2014, Seite 4)

Oder auf gut Deutsch: alles wie immer. Taschen und Turnschuhe ab Drei Euro, Bratwurst, Nackensteak und Bier vor der Country-Musik-Bühne. Und genau dort, auf Höhe der Bühne, Ecke Utrechter Straße, schleiche ich mich an einen der Müllcontainer heran, um auch hier festzustellen, dass dieser verschlossen ist. Verdammt. Wo sind wir denn hier? Soll hier jeder seinen Mist wie im Mittelalter einfach auf die Straße kippen?
Ich bemerke einen Wachmann an der Filiale der Deutschen Bank, welcher mich ein wenig argwöhnisch beäugt und entschließe mich, die Straßenseite zu wechseln. Und genau in diesem Moment will ein Kind wissen, was ich in dem Beutel habe.

„Du hast da echt Deinen Müll drinne?!", reißt das Kind seine Augen noch weiter auf. Offensichtlich will es mir diese Geschichte nicht so recht glauben. „Wer macht denn sowas und geht mit seinem Müll auf das

Müllerstraßenfest?"

„Doch doch! Ich mach das heute. Aber ach, weißt Du mein Kind,", sage ich mit einem Seitenblick zu einem der Verkaufsstände, „Manche Leute gehen auch auf das Müllerstraßenfest, um dort Müll zu kaufen."

Aus Holgers Küchenstudio

Mache mir gerade ein paar Schnitzel und Schupfnudeln. Darüber soll eine leckere Soße. Grundlage dafür ist eine kleine Schachtel von M***i "Delikatess Steaksoße".
Lese den Zubereitungshinweis: Inhalt in 250 ml (1/4 l) lauwarmes Wasser (oder anfallende Flüssigkeit) mit dem Schneebesen einrühren und 1 Minute kochen.

Anfallende Flüssigkeit?!

Betrachte nachdenklich die Reste in der Wein- und in der Cola-Flasche vom vorigen Abend.

Gewidmet dem unbekannten Autoscheibenputzer

Da hast Du nun Deinen mobilen Arbeitsplatz zwischen all den blechernen, nach schlecht verbranntem Superbenzin und Diesel stinkenden Automobilen bezogen. Eine Ampel an der Kreuzung zweier Straßenverläufe, vielleicht am Mehringdamm im Berliner Stadtteil Kreuzberg, oder gar Osloer Straße Ecke Prinzenallee im nördlich gelegenen Wedding.

Die Signallichtanlage schaltet nach Grün und Gelb auf rotes Licht und gibt Dir dadurch Zeit, Deinem Tagewerk nach zu gehen. Die Zeit ist allerdings begrenzt und Du musst Dich eilen. Eine Geschäftsanbahnung, Projektabwicklung bis hin zur Abrechnung. Wofür Firmen mitunter Monate brauchen, dafür hast Du nur rund 50 Sekunden. 50 Sekunden sind Dir durch die Willkür einer Signallichtanlage gegeben. 50 Sekunden nur, um Dich ein klein wenig kennenzulernen, zu versuchen in Deine mir und uns fremde Welt ein- und abzutauchen.

Du bist mir fremd. Mir, dem in seinem mobilen Kraftfahrzeug ausharrenden Piloten der Weddinger Straßen. Mir, der ebenso wie Du der Willkür einer Ampel ausgeliefert ist und ausharren muss, bis erneut grünes Licht die Fahrt frei gibt.

Auch ich bin Dir fremd. Wir sind uns fremd und haben doch nur 50 knappe Sekunden einander näher zu kommen. Kontakt zu knüpfen. Eventuell ein Zuzwinkern mit den Augen und ein Lächeln. Ein zwischenmenschliches Aufeinanderzugehen und Öffnen weit über die eigentliche geschäftliche Beziehung hinaus. Ein Kennenlernen?

Wahrscheinlich eher nicht. Sind doch 50 Sekunden recht knapp bemessen. Heißt es auch, dass so etwas wie Sympathie und Antipathie zu jemanden in einem Augenblick entschieden werden kann, ein kurzer Augenkontakt genüge, um über Wohlwollen oder Verachtung zu richten, so ist diese Phase zwischen zwei Farbzuständen einer Lichtsignalanlage doch zu knapp bemessen, einen Menschen richtig kennenzulernen. Oder gar innige Zuneigung und Liebe zueinander zu entwickeln. Viel zu kurz ist die Zeit, um über gemeinsame Lebens- und Familienplanung zu grübeln.

Nicht, dass ich Dir das abstreitig machen möchte. Also, dass Du dazu vielleicht nicht in der Lage wärst. Der äußere Anschein kann oft täuschen. Die Kleidung allein sagt noch nichts über den Menschen und sein Inneres, über sein Gefühlsleben aus. Es kann, aber muss auch nicht konkret im direkten Zusammenhang stehen. Ein ganz und gar schwarz gekleideter Mensch ist nicht unbedingt depressiv, traurig, ernst oder todessehnsüchtig, sondern kann sehr wohl voller Lebensfreude sein. Kann es nur vielleicht nicht so unbedingt zeigen.

Besonders lebenslustig siehst auch Du nicht aus, wie Du da in Deiner alten Hose aus Armeebeständen und dem zerschlissenen Tour-T-Shirt irgendeiner Metal-Band zwischen den Autos hindurch manövrierst. Von Frisur kann bei Deinen Haaren keine Rede sein. Schon länger haben diese wohl schon kein Shampoo gesehen. Head & Shoulders sind für Dich vielleicht nur die beiden Opas aus der Muppet-Show, wie sie da auf ihrem Balkon sitzen und ihren hämischen Spott auf die Bühnenkünstler hinablassen.

Du, unbekannter Autoscheibenputzer, bist Deinen mobilen Mitmenschen zu Hilf: ein Dienstleister.

Mit einem Spritzer Fensterreiniger und einen Abzieher, den Du zuvor bei der nahegelegenen Tankstelle entwendet hast, wo diese frei und für jeden verfügbar in einem Eimer an einer Zapfsäule liegen, sorgst Du für freien und einigermaßen klaren Durchblick. Den hat ja so mancher auch nötig.

Denn kaum einer erkennt, wie Du Dich da abbuckelst und abplagst. Oft ohne den dafür gerechten Lohn, oder gar die Anerkennung Deiner Dienste.

Viele lassen Dich nach getanem Dienst einfach stehen, winken ab und brausen mit ihrer Blechrakete davon.

Wertschätzen es nicht, wie Du mit einem Lächeln und voller Aufopferung deiner selbst ein schaumig-schmieriges Herz auf die Frontscheibe malst, um es dann glatt und flink aus dem Handgelenk heraus wieder komplett von dieser Scheibe abziehst.

Du könntest sicherlich auch einer anderen Beschäftigung nachgehen, doch Du hast Dich für die Volksnähe entschieden. Ein langweiliger Bürojob in irgendeinem Hochgeschosser am Potsdamer Platz, nein, das wäre nicht Dein Ding. Du magst die freie Einteilung Deiner Zeit in Arbeitsstunden und Ruhezeiten. Stechuhrmentalität ist Dir sicherlich zu wider.

Auch die Uniformität ist nicht Deine Sache, lieber individuell gekleidet und frisiert. Anzug und Schlips beim Autoscheibenputzen sähe auch gewöhnungsbedürftig aus.

Faul bist Du auch nicht, denn Du ackerst Dich hier schon ab, das muss man Dir lassen.

Doch bei all den Lorbeeren, die ich Dir hier per Text quasi schon als Lobeshymne entgegen schleudere, muss auch ein wenig Kritik an Deinem Geschäftsplan laut werden.

Ein relativ hoher Erlös zu einem halbwegs geringen Aufwand, das spricht für sich. Aber, mein lieber Manager of Car-glass-cleaning, mal ehrlich, würde sich das Ganze nicht viel mehr für Dein kleines Unternehmen rentieren, gingest Du Deinem Gewerbe an einem Tage und zu einer Zeit nach, wenn es nicht (wie gerade jetzt) regnet?

Denk mal drüber nach.

Tango

In Argentinien war ich noch nie.

Dabei würde ich mich dort wahrscheinlich gar nicht mal fremd fühlen. Soll eine Menge Deutsche da geben. In Argentinien. Zumindest Deutscher Herkunft. Viele haben auch noch Deutsche Namen. Müller, Schmidt. Kennt man da alles bei den Argentiniern. Fernando Müller. Oder Alfonso Schmidt. Kennt man da. Von den Älteren wisse man, so wird gesagt, dass da jeder Dritte noch seine schwarze Uniform im Schrank hängen habe. Will man das eigentlich wirklich wissen? Auch Goldberg. Oder Rosenthal. Gibt es alles dort in den Telefonbüchern. In Argentinien. Täter und Opfer. Nebeneinander. Und sicherlich kaufen sie auch noch im gleichen Supermercado ein. Komisches Land. Komische Welt.

Und tanzen tun sie dort garantiert. Vielleicht nicht den ganzen Tag, aber sie tanzen. Disco-Fox, Walzer, Tango. Das volle Programm. Der Schmidt mit Fräulein Goldberg. Wenn das der ... „Führen musst Du! DU musst führen!", holt mich meine Tanzpartnerin aus meinen Gedanken. „Wenn Du immer wieder abschweifst, werden wir wohl noch etliche Tango-Stunden mehr brauchen".

Neue Bewirtschaftung

Ich lese bei einer Lesebühne, die es sich inzwischen zur Tradition gemacht hat, jeweils das Publikum ein Leitthema für den Folgemonat vorschlagen zu lassen. Das ist vielleicht auch ein wenig einer gewissen Bequemlichkeit geschuldet: So muss man sich nichts selbst ausdenken. Aber es ist vor allem auch eine ständig wechselnde Herausforderung.
Mitunter ist es schon recht spannend, was das Publikum unserer Lesebühne für ein Thema vorschlägt. Wir hatten schon so manch kuriose Geschichte dabei. „Hunde und Smartphones" beispielsweise.

„Fußfetischismus" ist allerdings bisher noch „nur" auf der Warteliste gelandet. So ganz konnte sich dieses körperteilbetonte Thema nicht durchsetzen. Aber irgendwann, wenn wir dann kein gescheites Thema vorgegeben bekommen, oder gar etwa kein Publikum haben, welches uns ein Thema vorschlagen könnte, dann, ja dann würden wir eventuell stellverTRETEND auch was zu diesem FUSSthema aus dem Boden STAMPFEN. Im Prinzip ist es ja jedem selbst überlassen, was sein Fetisch ist. Also bisher kein Grund, auf dieses Fußfetisch-Ding herum zu TRAMPELN. So könnte dann ja aus einem Leitthema, ein Thema, welches durch den Abend leitet, wie ein Motiv in einem Musikstück, ein Leid-Thema, ein Thema welches Schmerzen oder Unbill bereitet, werden.

Nun ist es im Juli 2013 geschehen, dass man uns das Thema „Neue Bewirtschaftung" für die folgende Augustveranstaltung vorgeschlagen hat. Das führte zuerst zu einigen spontanen Verwirrungen, da das Thema von einem der Köpfe des Veranstaltungsortes, wo wir als Lesebühne zu Gast sind, kam. Ist das ein Hinweis, dass sich hier was ändern wird? Haben wir bald neue Ansprechpartner?

Das Publikum fragte im Anschluss der Lesung uns Lesende, und wir fragten den Vorschlagenden des Themas, was es denn damit auf sich hätte. Unsere Ängste wurden beruhigt. Ihm seien nur beim Flanieren diese roten Zettel in den Scheiben einiger Lokationen aufgefallen, bei denen sich offensichtlich weder was an der Karte noch der Einrichtung oder dem Geschäft als solchem irgendetwas geändert hätte.

Es ist wahrlich erstaunlich, wie viel Konfusion man mit einem Thema oder einer dahin geworfenen Floskel verursachen kann. Selbst wenige Tage vor dem August-Termin bekomme ich noch eine email, mit der Bitte, es zu erklären, was damit gemeint oder angedeutet sei.

Da ich mir angewöhnt habe, unsere Veranstaltungshinweise in sozialen Netzwerken wie Facebook beispielsweise, mit einem passenden Bild zu illustrieren, streife ich mehrere Tage durch meinen Heimatkiez, um einen solchen Aushang an einem Lokal zu finden und digital auf der Speicherkarte meiner Kamera zu fixieren.

Vergeblich.

Vermehrt zu sehen, sind die ebenso allseits bekannten Schilder „Räumungsverkauf", „Ausverkauf" und „Alles Raus – Sonderpreise". Es gibt Geschäfte im Wedding, speziell auf der Müllerstraße, die machen das so in der Art schon seit nun mehr als drei Jahren. Das

„Wir müssen schließen" relativiert sich. Ja, sicher, irgendwann muss so ein Geschäft ja wahrscheinlich wirklich einem anderen weichen.

Oder es gibt keinen Nachfolger. Es droht die Insolvenz. Der Eventualitäten gibt es etliche. Oder meinen die einfach nur den abendlichen Ladenschluss? „Wir müssen schließen!"

Bei meinen Streifzügen durch den Kiez passiere ich den Nauener Platz im Wedding und mir fällt etwas auf.
Ein neuer Laden.
Also nicht wirklich ein „neuer" Laden. Allerdings hat in einem der Ladenlokale etwas Neues aufgemacht.
Ein neuer Döner-Imbiss. Ein roter Zettel weist darauf hin: „Neu eröffnet."
Ich stehe vor dem Imbiss und begutachte die Auslage und die Tafel mit den Angeboten in der Scheibe. Döner, Dürüm, Börek. Das komplette Programm.
Ich schau mich um, lasse den Blick über den Platz und die angrenzenden Geschäfte schweifen.
Dabei stellt sich mir eine Frage und ich betrete den Laden: „Merhaba."
„Guten Tag.", begrüßt mich ein jüngerer Südländer von der anderen Seite des Tresens, in dessen Auslage das übliche an Salaten und Schüsseln mit diversen Soßen steht.
Ich bestelle einen Döner und bekomme noch einen Cay auf's Haus dazu.
Er will wissen, ob es schmeckt, und ich bejahe.
„Weissdu, habisch grad neu aufgemacht. War vorher hier Telecafé mit Internet. Aber haben jetzt alle."

„Und da machst Du einen Döner-Imbiss auf?", frage ich ihn.

„Ja konkret. Döner iss gut."

Ich schau zur Scheibe hinaus, nehm noch einen Schluck Cay, wende mich wieder an Orkan, wie er sich mir zwischenzeitlich vorgestellt hat: „Du hast nicht wenig Konkurrenz. Du bist hier nicht der einzige. Da drüben an der Ecke neben der Fahrschule direkt am U-Bahnhof-Zugang ist schon der erste Dönergrill. Da an der Ecke die Polen, und hier hast Du rechts neben Deinen Laden den Imbiss wo sich die Hühner an der Stange drehen, und zwei Meter weiter links ist noch ein Imbiss. Also bei allem Respekt, warum Döner? Warum nicht was anderes?"
Er schaut mich ein wenig irritiert an. In der Mimik seines Gesichtes lässt sich „Wie kann man das nur fragen?" ablesen.

„Ja, weissdu...", beginnt er mir zu antworten, „Iss rischtisch. Mach isch aber konkret beste Döner. Nischt nur einfach Döner, sondern allerbeste von Nauener. Kommen alle zu mir dann und wollen nur noch meine Döner. Binnisch sischer! Noch ein Cay?"

Ich lehne dankend ab und verabschiede mich von Orkan. Ja, der Döner war ganz okay. Genauso wie der nebenan. Wahrscheinlich bekommt er die Spieße von der gleichen Dönerproduktion geliefert.
Bewundernd dieser unerschütterliche Glaube an seinen eigenen Fähigkeiten und in die Qualität seiner Produkte. Vom Geschäftssinn ganz zu schweigen. Ich beobachte das in Berlin schon länger. Erst haben sie alle Obst-und Gemüseläden aufgemacht. Dann kamen Teppich und Möbelverkauf. Dann ging es los mit Mobiltelefonie und Internetcafés. Ein Geschäft

hat aufgemacht, und kurze Zeit darauf in direkter Nachbarschaft der nächste mit dem gleichen Geschäftsmodell. Nach den Casinos und den Shisha-Bars sind jetzt wieder die Dönergrill-Imbisse am Kommen.

Gesättigt spaziere ich in Richtung der heimatlichen Wohnung. Auf dem Weg komme ich an einem Laden mit ungewöhnlichen Ladenöffnungszeiten vorbei. Offensichtlich nimmt man es hier nicht so genau. Auf dem in der Glastür hängenden Aushang steht: „Hier ist auf, wenn auf ist. – Jetzt ist ZU!!!"

Ich muss lächeln und fotografiere das Schild mit meiner Digitalkamera. Immerhin, dann nehm ich das als Illustration.

Clärchens Ballhaus, Samstagabend

"Was ist denn heute die Tagessuppe?" - Kellner muss erst in der Küche nachfragen, kommt wieder, mit einem Grinsen inner Visage: "Es gibt heut' Rotkohlsuppe mit Zimt. Der Koch wollte mal was Neues ausprobieren."

Verziehen angewidert das Gesicht und bestellen Pizza.

Sich einfach mal fallen lassen

Für manchen von uns Lesebühnenautoren ist das Schreiben so etwas wie Therapie. Erlebtes wird verarbeitet. Ängste werden bekämpft und müssen einfach raus. Raus und auf das Papier, um es dann sogleich öffentlich vor einem Publikum vorzutragen.

So gleicht mitunter eine Leseveranstaltung einer therapeutischen Gruppensitzung. Einer steht auf und liest von einem Zettel ab: „ Ja hallo, mein Name ist Tuteigentlich-nichts-zur-Sache und ich schreibe Texte und Geschichten. Ich bin ein anonymer Kleinkünstler, der einmal ganz groß und berühmt werden will." Und dann sagt der Therapeut in einer ruhigen und sanften Stimme, die die tiefsten seelischen Schubladen öffnet, dort etwas hineinlegt und sie wieder sanft zuschiebt, dass man das doch öffentlich vor Publikum machen solle. Vorlesen nicht nur in der Gruppe. Sondern die Gruppenveranstaltung öffentlich machen und auf eine Bühne verlegen.

„Sich einfach mal fallen lassen!", wird dann wohl auch ein Therapeut dem Österreicher geraten haben, der sich dann in einem Raumanzug aus einer Kapsel von der Stratosphäre zurück auf den Boden der Tatsachen hat fallen lassen.

Das wäre dem Autor nichts gewesen. So ungebremst dem Erdboden entgegen. Mit Überschallgeschwindigkeit, bis das Blut in die Augen schießt. Und seien wir doch ehrlich, all die, die den ganzen Abend vorm Fernseher gesessen haben. Sensationsheischend hat man doch erwartet, ja, war gar zum Zerreißen gespannt, ob es ihn denn bei seinem freien Fall nicht zerfetzen würde.

Ja ja, runter kommen sie alle.

Ein beliebter Scherz, wenn man eine Flugreise antritt. Und ein Gedanke, der einen oft durch den Kopf schießt, wenn man in der Nähe eines innerstädtischen Flughafens wohnt. In Berlin haben wir mit dem Flughafen Tegel noch einen solchen, und der Autor schaut ganz gern von seinem Schreibtisch aus durch ein Fenster der Dachgeschoßwohnung den Fliegern nach. Malt sich aus, wohin sie wohl gerade flögen. Werden sie wohl heil ankommen?

Früher einmal hat der Autor in der Neuköllner Karl-Marx-Straße gewohnt. Direkt in der Einflugschneise vom Flughafen Tempelhof, als dieser noch keine Luftkurerholungsstätte für arme bleiche Großstädter war. Da gab es noch Besatzungszonen der alliierten Siegermächte in Berlin und schwere militärische Transportflugzeuge landeten und starteten von diesem Flughafen aus. Die Maschinen flogen direkt über unser Wohnhaus, nahmen die Piloten wohl den gegenüber befindlichen Kirchturm der Sankt-Magdalenen als Land- und Peilmarke. Mitunter musste man befürchten, sie würden das Kreuz vom Turm mit herunterreißen. Die Transportmaschinen flogen so niedrig, dass man von unten durch die verglaste Kanzel ins Cockpit schauen konnte. Ganz deutlich waren die Piloten zu erkennen. Sogar deren Schuhgröße auf den Sohlen ihrer Stiefel: Neuneinhalb.

Runter kommen wir garantiert, sagt der Flugkapitän über die Sprechanlage, als der Autor das erste Mal selbst einen Urlaubsflieger in wärmere Gefilde besteigt. Die Flugbegleiterin rutscht auf ihren Notsitz, nachdem sie uns mit Anschnallen und Sicherheitshinweisen geholfen hat, schnallt sich dort selbst an, sitzt uns genau vis-a-vis, schiebt sich einen Kaugummi zwischen ihre Kiefer und bekreuzigt sich.

Es wird sehr still in der Kabine. Vereinzelt vernimmt man noch ein gequältes Schlucken.

Und runter kommt man dann schließlich auch wieder.

Der Vorteil, wenn ein Ziel mehrere Flughäfen in erreichbarer Nähe hat, ist, dass auch mal bei Problemen auf dem einen Flughafen, auf einen anderen Flughafen ausgewichen werden kann.

Dann spielen die Fluglotsen Flugzeug-Tetris im Himmel über Berlin. Schieben die Maschinen eine nach der anderen in eine Lücke, sowohl zeitlich als auch räumlich.

So startet man beispielsweise auf der Hinreise ganz bequem von Tegel aus. Man checkt dort ein, besteigt das Fluggerät durch einen Verbindungsgang vom Terminal direkt in den Flieger.

Allerdings weiter angenommen landet man dann auf der Rück- und Heimreise auf dem Flughafen Schönefeld.

Dem Alten, denn der Neue ist ja noch gar nicht eröffnet. Niemand hat die Absicht einen Flughafen zu eröffnen, wird dem ehemaligen Staatsratsvorsitzenden bereits auf Postkarten in den Mund gelegt. Der Autor landet also von Teneriffa kommend in Schönefeld, und ist nahezu der einzige, der ein Sweatshirt aus dem Handgepäck hervor- und überzieht. Auch scheint er der einzige zu sein, der lange Hosen trägt. Auf Teneriffa war es vier Stunden zuvor ja auch noch recht warm. Was nicht besonders verwunderlich ist, da die Kanarischen Inseln dem Äquator so viel näher als das in Ostdeutschland gelegene Berlin sind. Nach der Landung, wo natürlich auch geklatscht wurde, sei es, um den Kapitän zu beglückwünschen, dass er seinen Job hervorragend gemacht hat. Wie immer eigentlich. Oder sei es, um den befreienden und beglückenden Moment zu feiern, wieder auf der sicheren Erde zu sein.

Wäre dann nicht der therapeutische Moment gekommen, aufzustehen und zu sprechen: Hallo, ich bin der Meier aus Spandau und hab eigentlich Flugangst?! Nach der Landung also, rollt das Flugzeug bis fast direkt an das Terminalgebäude. Man kann es fast fühlbar greifen, wären da nicht die dicken Bullaugen aus Sicherheitsglas. Doch man muss warten, bis das Signal für den Ausstieg kommt. Erst dann darf man in den bereitstehenden Bus einsteigen, welcher allerdings auch nicht gleich losfährt, sondern erst einmal wartet bis der Flieger leer und der Bus, und auch der zweite Bus dahinter, voll ist, mit Reisenden die von der warmen Insel Teneriffa kommen, wo sie vor dem kühlen November in Berlin hin geflüchtet sind. Und da steht der Meier aus Spandau in seiner Bermuda-Shorts und dem dünnen kurzen T-Shirt und friert im Gang des Busses und schaut neidisch auf den Autor in seinem warmen Sweatshirt.
Man konnte ja auch nicht ahnen, dass man in Schönefeld landet, wo man dann erst mit einem Bus um das Flugzeug herumfährt, bevor man in das zum Greifen nahe Terminalgebäude und die Wärme kommt. In Tegel wär man direkt vom Flieger durch den Schlauch bis ans Gepäckausgabeband geschlurft. Ganz bequem, einfach, trocken und warm.

Sollte dieser neue Flughafen, der nie fertig wird, dann doch einmal fertig werden, würden solche Missverständnisse und Überraschungen der Geschichte anhören.

Dann wird es eventuell andere Misslichkeiten geben, über die man dann berichten könnte.

Wie zum Beispiel: man ist gut gelandet, allerdings fuhr dann keine S-Bahn.

Oder: auf der Autobahn war Stau.

Und solche Erlebnisse, die einem an den zartbesaiteten Nerven nagen, welche dem seelischen Gleichgewicht nicht gerade zuträglich sind, müssen dann verarbeitet werden.

Der Lesebühnenautor therapiert sich selbst, lässt sich gedanklich fallen und schreibt einen Text, den er dann vorliest: öffentlich!

Mittags in Kopenhagen

Uns hungerte und wir steuerten eine der etlichen Polser-Buden an. Das dänische Equivalent zu unseren Bratwurstständen.
Fünf von Sechs Dänen sprechen Deutsch, Englisch, oder verstehen es zumindest. „Een biskjen!", wurden wir oft angelächelt.
Wir gerieten an Nummer Sechs.
Auf die Frage, ob er Deutsch oder Englisch spreche, zuckte der Würstchenmann nur mit den Schultern, und wir versuchten es mit Fingerzeigen und orderten Roested Hotdog.
Der Würstchen-Verkäufer schwenkte mit einer einladenden Handbewegung über die Schalen mit Gürkchen und Röstzwiebeln und fragte in seiner Landessprache: „Med all?"

Mit alles? Ich wähnte mich kurzfristig an einer Dönerbude im Wedding.

Schlechte Laune

Ich habe schlechte Laune!

Ich stehe bei der Post in der Müllerstraße in einer Wartegemeinschaft, welche langläufig aufgrund ihrer sich schlängelnden und länglichen Form auch als Schlange bekannt ist.

Ich stehe dort an.

Mit einem gelben Zettel in der Hand. Eine Benachrichtigung, dass ich meine Sendung abholen darf, weil ein Bote mal wieder zu faul war, die Stufen bis zu uns ins Dachgeschoß zu nehmen.
Mit dieser Benachrichtigung und zugleich Abholschein in einem stehe ich in einer Schlange an einem Schalter an, den ich von meiner Warte aus noch nicht mal sehen, geschweige denn vermuten kann. Es ist also nicht wirklich sicher, dass ich tatsächlich an einem Schalter anstehe. Vielleicht wollen die vielen Leute hier ja auch nur eine Wohnung im neuen Trendbezirk Wedding besichtigen. Genau. Das ist es. Die wollen gar keine Briefmarken kaufen. Dafür gibt es ja schließlich auch Automaten. Automaten, die kein vernünftiger Mensch mit Abitur und Studium ohne weitere Zusatzausbildung bedienen kann.

Also stellt man sich an der Schlange in der Post an. Und hat am Ende durch Zufall eine Wohnung im Wedding bekommen. Dabei brauchte man doch nur eine Briefmarke für die Postkarte nach Hause.
„Urlaub schön. Essen Gut. Stadt Berlin groß. Aber kein Flughafen. Morgen mit Bahn nach Frankfurt.

Main, nicht Oder! Wollen doch mit Flugzeug heim."

Und jetzt hat der Neuling eine Wohnung in Berlins Mitte am Hacken.

Nur sieht er diese nicht. Weil er ja jetzt gerade bei der Post in der Schlange steht. Er braucht nämlich Briefmarken für die Briefe nach Hause, um all seine Leute zu informieren, wie geil es hier in Berlin sei. So modern! Die haben da sogar Briefmarkenautomaten, die keine Sau kapiert. Das schreibt der dann.

Woher ich das weiß?

Ich weiß das, weil dieser Typ nämlich gerade vor mir in der Schlange bei der Post steht und genau das in seinem Facebook-Profil postet. Das tut er mit und auf seinem Ipad, welches er so vor sich hält, dass sogar ich mich, der hinter ihm steht und über seine Schulter guckt, darin spiegeln könnte.

Könnte! Wenn es aus und schwarz wäre. Stattdessen kann und muss ich alles lesen, was er darauf mit patschenden Fettfingern eingibt. In Schriftgröße 196!

Mitunter macht er auch schöne Rechtschreibfehler. Das hebt meine Stimmung zwischenzeitlich ein wenig.

Ich muss an die lustige Postkarte von neulich denken: „Wir essen Opa! – Kommas können Leben retten."

Und ich frag mich, warum er denn keine emails schickt, statt der Briefe.

Es macht Blöb. Ich stell mich auf meine Zehenspitzen, um besser über seine Schulter gucken zu können. Er hat einen neuen Kommentar unter seinem Posting: „Warum schickste denn keine emails statt der Briefe?"

Hach, fühl ich mich gerade gut. Auch solch kleine Bestätigungen sind Labsal für die Psyche.

Nun wird es spannend. Wie wird er wohl antworten? Er will was auf die Scheibe vor ihm patschen, doch ist er sogleich, genau wie ich selbst, abgelenkt weil es hinter uns ein wenig unruhig wird.
Und da bemerken wir auch schon den Grund für die Unruhe. Eine Frau prescht mit entschlossenem Gesichtsausdruck an uns und der Warteschlange vorbei Richtung Verkaufstresen. Ach, kiek ma da. Da ist tatsächlich so etwas wie ein Schalter. Davor ein gespanntes Absperrband. Hinter dem Tresen steht ein Männlein mit blauer Weste, die offiziell wirkt und bedient offensichtlich gerade einen Kunden, welcher vor dem Tresen aber von uns aus gesehen schon hinter dem Absperrband steht. Die Frau macht einen kleinen Bogen um einen Poller mit dem Absperrband und steht nun quasi auf gleicher Höhe wie der Kunde. Sie redet auf den Postangestellten ein. Dieser hört zu. In unserer Wartegemeinschaft macht sich eine aggressive Stimmung breit. Er wird sie doch nicht jetzt etwa vorziehen? Wenn er das macht, ja dann…Dann ist er fällig. Aber sowas von!

Als die Frau mit ihrem Psalm fertig zu sein scheint, wird es schlagartig still im Raum.

Der Postler scheint kurz zu uns herüber zu schauen und abzuwägen.
Vor meinem geistigen Auge sehe ich schon voraus, was passieren wird.
In Anbetracht der Bestimmtheit dieser Frau, denkt er, er entschiede sich für das kleinere Übel und nimmt

mit einem kleinen Nicken und einer Zustimmung ihren kleinen Auftrag entgegen. Das ist das Signal für den Mob, welcher die Wartegemeinschaft spontan auflöst und sich geballt in voller Mannesstärke auf die beiden wirft. Mit Paketklebeband aus dem McPapershop-Regal werden die beiden gefesselt und geknebelt und dann mit Heftklammern an die Wand getackert. Mit Kugelschreiberminen darf dann jeder Mal auf diese menschlichen Dart-Scheiben werfen. Nebenbei wird die Filiale komplett verwüstet. Ein Briefmarkenautomat wird gesprengt.

Erst die herbeigerufene Polizei mit drei Mannschaftwagen, Warnschüssen und Pfefferspray kann die wildgewordene Meute auseinandertreiben und die beiden vor dem Äußersten bewahren.

Das wird schön! Ich freu mich drauf!

Tatsächlich geschieht dann allerdings etwas anderes. Mit einer kurzen Geste in der Richtung, in welcher in weiter und unbestimmter Ferne das Ende der Schlange zu vermuten ist, und einem Schulterzucken mit Seitenblick zu uns, erteilt er der Frau und ihrem Anliegen offensichtlich eine Absage.

Diese rauscht mit einem nun puterrot gewordenen Gesicht an uns vorbei. „Unverschämtheit!“, bricht es dabei aus ihr heraus.

Recht hat sie, denk ich mir und hab spontan wieder schlechte Laune. Sie meint zwar wohl eher die Absage des Postlers. Ich allerdings finde es wirklich unverschämt, uns hier den Spaß zu nehmen, den wir gehabt hätten.

So eine kleine Rangelei: das fördert doch das Zusammengehörigkeitsgefühl und hebt die Stimmung.

Mit dieser Bank können Sie rechnen

Man kann dem nicht aus dem Weg gehen. Man kann es nicht verdrängen. Will es ja auch nicht. Nur ist es ein wenig viel momentan.

Ja, es ist wirklich schon über zwanzig Jahre her, dass der Schlagbaum am Grenzübergang Bornholmer Straße hochging und DDR-Bürger über die Bösebrücke in den Westberliner Wedding strömten. Es ist überall: in den Zeitungen, im Fernsehen, im Radio laufen Features zum Thema.

Auch in der Haus- und Kunden-Postille meiner Bank wird auf dieses Thema Bezug genommen. Wenn man weiß, dass es in den Grenzen der damaligen Deutschen Demokratischen Republik rund 16,7 Millionen Einwohner gab - inklusive kleinen Kindern, Alten und Gebrechlichen - dann erscheint einem der Satz *"allein in den ersten drei Wochen nach dem Mauerfall zahlt die BRD das Begrüßungsgeld an 18 Millionen Besucher aus..."* denkwürdig und lässt nur den einen Schluss zu: Mit dieser Bank können Sie rechnen!

Weddinger Kronleuchter aus dem vorigen
Jahr~~hundert~~ –zehnt. (um 2007aufgenommen)

Sie läuft und läuft und läuft

Sie läuft und läuft und läuft. Und sie ist kein Volkswagen. Wobei ich mal behaupten möchte, dass tatsächlich jeder in unserem Volk eine besitzt.

Ach, was schreibe ich hier? Natürlich nahezu jeder auf der Welt besitzt eine.

Gehe ich jetzt einmal von aus.

Sicher, Ausnahmen gibt es wahrscheinlich auch. Aber diese bestätigen ja nur die Regel. So sagt man. Also ich hab eine. Und die läuft.

Wohin?

Tja, wohin sie will, das weiß ich auch nicht so genau. Sie läuft halt.

Warum?

Kann ich auch nicht mit Sicherheit beantworten. Ich hab ihr jedenfalls keinen Grund gegeben, zu laufen. Ich war es nicht, der sie angetrieben hat. Und auch im Moment – so jetzt gerade aktuell – bin eigentlich nicht ich der Anlass dafür, dass sie läuft. Das macht sie schon aus eigenem Antrieb. Ganz autonom.

Von einer Minute zur anderen mal so gedacht: „Boah, ist das langweilig. Ich glaub, ich lauf mal ‚ne Runde.‘" Naja, und jetzt läuft sie.

Und das ist ganz schön anstrengend. So für alle Beteiligten. Quasi.

Wie bereits erwähnt, Laufen tut sie von selbst, allerdings hängt sie nun mal an mir. Auch wenn sie läuft, werde ich sie nicht los.

Sie wird auch nicht weniger, obwohl sie jede Menge klebriger Flüssigkeit absondert.

Im Gegenzuge werde ich selbst weniger. Ich schwitze und habe schon drei Pfund an Körpergewicht verloren. Und das, wobei ich mich selbst und persönlich ja gar nicht bewege. Also möglichst so wenig wie geht. Schon gar nicht Laufen. Da müsste mir schon ein Bein fehlen.

Ach, das geht ja dann gar nicht. Weia, kann schon nicht mehr richtig Denken.

Und sie stört das gar nicht. Sie läuft einfach weiter wie beim Marathon.

Wahrscheinlich hat sie schon den Punkt überschritten, wo es einfach nur noch schön wird, weil genügend Glückshormone mit dem Markenlabel „Endorphin" in einen körpereigenen Schlussverkauf gehen. Laufen. Immer weiter laufen. Nur nicht zurück schauen. Einfach immer geradeaus nach vorne weg.

Und was dabei herauskommt, muss ja auch irgendwo hin.

Dieses klebrige Zeug. Ob das eigentlich als Kleister taugt?

Könnte man dann ja abfüllen. In Eimern. Zu je fünf oder zehn Litern. Und dann verkaufen.

Wäre das Geschäft meines Lebens.

Aber auch verdammt anstrengend. Müsste sie dann ja unablässig zum Laufen antreiben. Das geht an die Substanz und bringt einen wahrscheinlich am Ende noch um.

Trotzdem gefällt mir die Idee mit den Eimern irgendwie. Ich muss das notieren, bevor mein Gehirn aufgrund Verklebung total und komplett versagt.

Wie entsorgt man so ein Gehirn eigentlich, wenn es nicht mehr zu gebrauchen ist? Im Grunde genommen organischen Ursprunges sollte es doch in die Biotonne, will ich meinen. Andererseits... mit diesen ganzen schrägen und gespeicherten Gedanken und Ideen doch wohl eher Sondermüll.

Und schon gar nicht Recycling.

Komische Gedanken hab ich. Und sie? Sie läuft währenddessen immer weiter.

Lässt sich gar nicht beirren.

Finde endlich einen Zettel, um meine Idee zu notieren. Man weiß ja nie, wann man das mal als Autor gebrauchen kann. Wo man das dann in einem Text einbauen könnte.

Verdammt, jetzt hat sie raufgetropft und die Schrift verschmiert.

Muss ich einen neuen Zettel suchen. Finde aber keinen mehr auf meinem Schreibtisch. Nur ein noch unbenutztes Taschentuch. Hurra, ein Taschentuch. Und auch noch unbenutzt. Ob ich das einrahmen lassen sollte? Darunter eine Plakette mit der Inschrift „Ich bin das Letzte".

Ob das jemand versteht?

Muss das auch notieren! Aber worauf?

Ich beschaue mir den grauen Sack in der Ecke. Ob sich da noch was Brauchbares und Wiederverwendbares finden lässt?

Als mein Kumpel mich gestern besucht hatte, wollte er sich schon raufsetzen. Er meinte noch sowas von wegen „Oh, Du hast einen dieser neuen und hippen Sitzkissen. Bestimmt saugemütlich."

Ich konnte ihn gerade noch davon abhalten, indem ich ihn über die wahre Tatsache aufklärte: „Nee, das ist nur ein Müllsack voller Rotztücher von mir! Die Müllabfuhr kommt hier nicht so regelmäßig. Und nur drei Tonnen für das ganze Haus. Samt Seitenflügel und Gartenhaus... Die warten hier alle, bis sie morgens das Gerumpel der BSR hören. Und wer schnell genug ist, wird den gröbsten und ältesten Müll los.

Das Gerenne einmal die Woche musst Du Dir bei Gelegenheit echt mal reinziehen."

Apropos Gerenne. Sie läuft immer noch.

Und man kann sie nicht so einfach mal eben abschalten. Ist wie mit dem Licht bei BER-Flughafenneubau.

Kein Schalter da. Geht nicht!

Läuft einfach immer weiter.

Und verklebt dabei alle Synapsen. Ich steh hier nun mitten im Raum – irgendwie deppert – und kann mich nicht erinnern, was ich gerade machen wollte.

War da nicht eben noch ein unbenutztes Taschentuch?

Ach ja, das war es! Taschentuch.

Sie läuft.

Ich wollte sie mir wischen.

Die verdammte, ständig laufende Nase.

Legend! (Version 2008)

Samstagfrüh, 14 Uhr. Ich stehe auf und mache mir eine Kleinigkeit zum Frühstück: zwei Tassen Espresso. Es ist ruhig. Sehr ruhig.
Ist mir aber auch ganz recht, da der letzte Abend recht lang wurde und ich heute auch ein wenig brauche, um so richtig fit zu werden. Klar, Bier gab's gestern auch.
Die Anlage bleibt heute aus. Keinen Bock auf Rocksender. Auch die CDs können von mir aus heute in ihrem Regal verstauben. Ich huste. Staub muss ich wohl auch mal wieder wischen. Stapfe um ca. halb fünf durch eine Staubdüne in die Küche. Stelle meine Espresso-Tasse auf den Geschirrturm in der Spüle. War da was? Horche angestrengt an dem Abwasserrohr, welches von oben nach unten durch meine Küche geht. Nein, nichts. Kein Geräusch, nicht mal von abfließendem Dreckwasser. Mitunter kann man die Gespräche meiner Nachbarn aus der vierten oder dritten Etage ganz gut verstehen. Wie neulich, als beratschlagt wurde, ob der Alice-Vertreter nun nach dem Zerteilen mariniert oder paniert werden solle.
Bekomme bei der Erinnerung Appetit auf was Herzhaftes.
Mache die Tür des Kühlschranks auf und inspiziere dessen Innenraum. Wie eigentlich erwartet, ist dieser leer und gähnt mich an.
Na dann muss ich wohl mal wieder einkaufen gehen, Nahrhaftes besorgen. Schließlich ist Wochenende. Ich hasse es, zum Wochenende Besorgungen zu machen. Man hat immer den Eindruck, dass alle anderen nur darauf gewartet haben, dass es endlich Wochenende wird. Freitagabend und am Samstag scheint sich der

ganze Bezirk in gesamter Einwohnerstärke in den Gängen der Einkaufstempel und Supermärkte zu befinden. Die Schlange an der Kasse vom Real im Schillerpark-Center reicht dann meist bis zum drei Kilometer entfernten U-Bahnhof Rehberge. Das ist Stress. Stress den ich so gar nicht mag. Am liebsten gehe ich an einem Mittwochabend einkaufen. Da ist schön leer. Und die Sonderposten- und Aktions-Artikel für die Werbung ab Donnerstag, werden meist schon auf- und hingestellt.

Doch der Hunger und die Angst, am Sonntag kläglich ohne Nahrung und Getränke zu verenden, treiben mich raus. Raus auf die leere Straße. Nun gut, es ist sonnig: die werden alle am Plötzensee sein. Ich steige in mein Kraftfahrzeug und lenke es aus meiner Straße auf die Hauptverkehrsader. Das gelingt mühelos, da die ganze Straße leer ist.

Langsam wird mir jetzt doch mulmig. Habe ich etwa in meinem Dusel etwas Entscheidendes verpasst? Fahre ins Parkhaus und finde auf Anhieb einen Parkplatz. Nahezu direkt an der Rolltreppe. Fantastisch. So brauche ich nachher nicht so weit mit den Einkäufen, um diese im Kofferraum zu verstauen. Schaue mich um. Das ganze Parkdeck ist bis auf ein zweites Fahrzeug leer. Dieses zweite Fahrzeug scheint da an seiner Stelle schon eine Weile zu stehen. Trüb und staubig verklebt sind die Scheiben. Von der Lackfarbe ist kaum noch was auszumachen. Mir stehen die Haare im Nacken und es fröstelt mich. Unbehagen kriecht meinen Körper hinauf. Was ist hier los? Das hat was von Endzeitstimmung. Wie in dem Kino-Film "I am Legend", wo nach einer Katastrophe nur noch Will

Smith als letzter Überlebender durch das entleerte New York streift.

Mist, dann ist es jetzt wohl geschehen. Als Kind in den Siebzigern und Achtzigern habe ich ständig in der Angst vor der drohenden Katastrophe eines Dritten Weltkrieges, eines endgültigen und alles auslöschenden Atomschlages, gelebt. Überall waren sie um uns herum: Pershings, SS20-Raketen, Cruise-Missiles. Russen, Amerikaner. Und erst neulich hat wieder dieser seltsame Iraner gedroht, mit einer neuen Raketentechnik den atomaren Krieg gegen Israel und dessen Verbündete zu führen.

Nun muss es tatsächlich geschehen sein. Dann bin ich wahrscheinlich der letzte Einwohner dieses Kiezes, ja vielleicht sogar dieser Stadt.

Ich werde ruhiger. Das Frösteln wechselt mit einer Art Hochstimmung. Dann bin ich also der neue Will "legend" Smith.

Es ist zwischenzeitlich schon nach 19 Uhr und ich schiebe bedächtig meinen Einkaufswagen durch die menschenleeren Gänge. Ich nähere mich den Kassen und bleibe dann stehen. Ich möchte auf jeden Fall zahlen, sonst hätte ich auf ewig ein mich zermarterndes schlechtes Gewissen. Da es keine Schlangen vor den Kassen gibt, kann ich mich nicht entscheiden, welche ich jetzt nehmen sollte. Normalerweise stelle ich mich an der längeren Warteschlange an. Nach Murphies Gesetz stellt man sich eh immer in die falsche Wartegemeinschaft, und erfahrungsgemäß, geht es an der kürzeren Schlange meist nicht schneller sondern im Gegenteil. Dort steht man oft doppelt so lange an.

Es gibt keine Warteschlangen an den Kassen. Ich muss eine Entscheidung treffen: welche nehme ich jetzt bloß?

Nach einer Dreiviertelstunde schaffe ich es dann, scanne die Waren selbst ein und lege das Geld an der Kasse ab. Passend.

Mich werden die nicht schaffen. Vielleicht waren es ja auch nicht die Iraner sondern Außerirdische. Sie beobachten mich nun und erforschen, wie ich auf diese veränderten Lebensumstände reagiere. Bin nicht Will Legend sondern ein Versuchskaninchen. Und die Außerirdischen sind Katzen.

Das macht alles Sinn. Denn nun verstehe ich auch die Ereignisse um Freund und Kollege Michael. Den vermisse ich schon länger. Das letzte Telefonat ist schon eine Weile her. Er erzählte, dass er zu seinen Stubentigern noch weitere der Gattung Felidae in Pflege genommen habe, und deshalb seine Zeit radikal eingeschränkt ist. Danach dann nur noch E-Mails: anfangs in der von ihm gewohnten mehrseitigen epischen Länge, dann immer kürzer und unverständlicher werdend. In seiner allerletzten E-Mail schrieb er sinngemäß, er müsse sich ständig mit der Pfote hinterm Ohr Kratzen, vielleicht eine Zecke, und zum Abendbrot gäbe es Thunfisch in Jelly.

Sie haben ihn umgewandelt. Diese Katzen-Schweine!

Ich verstaue die Einkäufe im Auto und höre plötzlich ein Kratzen auf dem Beton des Parkhausbodens. Ich erschrecke: ich bin doch nicht Legend Holger, ich bin nicht der einzige und letzte Überlebende.

Einer dieser obdachlosen Alkoholiker, wie sie auch immer am Leopoldplatz rumlungern, nähert sich mir.

"Wie steht's denn?", röchelt er mich fragend an.

"Ähem…..? Ich versteh nicht ganz.", antworte ich.

"Na, wer gewinnt den…?", setzt er nach und der Alkoholnebel macht mich fast blind.

Das ist eine Falle, denke ich mir.

"Momentan wohl Eins zu Null für Iran oder die Katzen!"

"Häh?", nun ist er es, der nicht versteht. "Iran spielt doch gar nicht mit!"

Ich lasse den armen Kerl zurück. Habe ihm vorher noch erklärt, wo im Markt die Alkoholika stehen.

Es dämmert als ich daheim die erstandenen Waren in Kühl- und Hängeschrank einsortiere. Es staubt dabei mächtig. Danach mache ich das Radio an und höre eine Stimme. Bin nicht beunruhigt und habe mich schon damit abgefunden, dass es wohl doch noch einige Überlebende gibt.

"Russland kämpft weiter, um seine Führung auszubauen….", quäkt es aus den Lautsprecherboxen. Also doch keine Iraner, keine außerirdischen Katzenwesen. Die Russen sind es! Aber gegen wen und warum führen sie Krieg? Haben sie die Neutronenwaffe gezündet? Oder waren es die anderen?

"Griechenland muss in der Defensive weiter an sich arbeiten…."

Die Russen gegen die Griechen? Gut, ich hab in der letzten Zeit wenig Nachrichten verfolgt, da ich ständig irgendwo aufgetreten bin, oder neue Texte geschrieben habe.

"Das sind nicht die Ottonen, die wir uns wünschten,. Der Titelverteidiger wird hier im eigenen Raum konstruktiv auseinandergenommen. Wer hätte gedacht,

dass die EURO 2008 noch solche Überraschungen bietet....?!"
Ich schalte das Radiogerät wieder aus. Hol mir ein Bier aus dem Kühlschrank.
Kein Weltkrieg. Nur Fußball. Na dann ist alles gut!

Szenen einer Partnerschaft I.

Er: „Schatz?"

Sie (grummelt müde): „Hrmm."

Er: „Schatz?"

Sie: „Hrm, wassn ischibn müde…"

Er: „Schatz! Ich kann nicht schlafen! Meine Seite ist durchgelegen!"

Sie (jetzt ein wenig munterer): „Deswegen weckst Du mich?"

Er: „Ja?!"

Sie: „Das geht nicht! Durchliegen. Das ist ein Wasserbett."

Er: „Ja, aber, meine Seite ist niedriger als Deine."

Sie: „Du bist ja auch schwerer als ich."

Er: „Es geht sehr wohl. Guck! Ich setz mich auf… Und die Kuhle bleibt…!"

Sie: „ Das geht nicht. Du spinnst. Beim Wasserbett bleibt keine Kuhle. Leg Dich wieder hin und schlaf!"

Er: „Aber Schatz. Ich kann doch nicht einschlafen. Ich sink' hier ein."

Fluch der Technik

Ich bin nun inzwischen in einem Alter, wo man hin und wieder schon mal den Eindruck bekommt, man könne mit den aktuellen technischen Entwicklungen unserer modernen und zivilisierten Welt nicht mehr so ganz Schritt halten. Das ist natürlich mein ganz persönlicher, also vollkommen subjektiver und individueller Eindruck. Wobei mir dieser auch schon mal von ansonsten unbeteiligten Bekannten, Freunden oder Arbeitskollegen im Gespräch bestätigt wird. Der Mensch als solcher hat sich immer mehr den Maschinen zum Untertan gemacht.

Als ich vor etlicher Zeit mir einen neuen Drucker anschaffen musste, weil das ursprünglich genutzte Gerät das Zeitliche gesegnet hat, und ich ja nun irgendetwas brauchte, womit ich meine Texte drucken könne, - ich bin nun mal halt in gewisser Beziehung auch altmodisch und lese gerne vom Papier ab, statt von einem e-Book-Reader oder Laptop – da wurde ich schon bei der Installation des Neugerätes mit einer Frage konfrontiert, mit der ich vom Verständnis her ein wenig überfordert war: Warum braucht der Drucker neben einer eigenen IP-Adresse auch noch eine eigene Email-Adresse?

Wozu soll das gut sein? Das mit der IP-Adresse im heimatlichen Netzwerk mag ja noch angehen. Dann kann man das Gerät über Funk, also W-LAN bequem ansteuern.

Aber wozu die Email-Adresse? Wer schreibt einem Drucker denn so? Vielleicht ein Prinz aus Nigeria, der es nicht schafft an die Kröten von seinem diktatorischen Onkel zu kommen. Dafür es allerdings hin bekommt, einem HP-Drucker einen elektronischen Bettelbrief zu schicken.

Oder so ein russischer Systemadministrator der Berliner Volks- und Raiffeisenbanken?! Was schreibt so ein Computerspezialist aus dem fernen Novosibirsk einem Gerät aus den Produktionsstätten eines imperialistischen Klassenfeindes? Tauscht man sich über das Wetter aus? „Hier sind es heute kuschlige Minus 30 Grad. Werde jetzt noch ein paar Phishing-Mails verschicken und dann noch ein wenig Fifa15 zocken. Was machst Du so? Wollen wir Computer-Witze austauschen?"

Das sind so Fragen. Und man bekommt keine wirklich guten und verständlichen Antworten auf solche Fragen.

Fragen, die man sich spätestens dann wiederholt stellt, wenn man sich ein weiteres neues Gerät anschafft. In meinem Falle war es ein Kaffeevollautomat.

Als ich in der beiliegenden Bedienungsanleitung las, das Gerät hätte eine eigene Email-Adresse, wollte ich das weder glauben noch für einen besonders guten Witz eines Autorenkollegen halten, welcher sich verdingt hatte, Bedienungsanleitungen für ein geringes Salär zu verfassen.

Manchmal kommen die professionellen Kollegen ja auf die komischsten Gedanken und Ideen. Da wird dann schon mal eine kleine, also wirklich klitzeklitzekleine Unwahrheit in einem Wikipedia-Artikel versteckt. Oder man rächt sich für den geringen Lohn und die widrigen Arbeitsbedingungen in dem man was in den Auftragstext reinschreibt und persönlich beisteuert, was da nicht hineingehört. Quasi eine versteckte Signatur in einem Ölgemälde.

*„Liegt das nicht ein wenig schwer im Magen, so ein
Stück Huf?"*

Auf der Internationalen Funkausstellung (2014) in Berlin war unter anderem auch die Vernetzung und Steuerung des modernen Haushaltes von morgen ein sehr großes Thema.

Da gab es dann Kühlschränke, die automatisch und selbständig neue Milch im Internet bestellen können. Oder die Steuerung der Zimmerbeleuchtung merkt, in welcher Stimmung der Bewohner nach Hause kommt. Ob es ein stressiger Arbeitstag, oder eventuell ein vollkommen entspannter Tag mit neuen verheißungsvollen Bekanntschaften war. Dann wird entsprechend das Licht gedimmt und farblich angepasst. Und die Hifi-Surround-Anlage spielt entweder Hardrock a la Rammstein oder eher gediegene Klassik ab.

Und diese Geräte kommunizieren auch alle unter- und miteinander.

Man braucht sich einfach keinen Kopf mehr machen. Die Technik nimmt einen ein wenig die Entscheidungsfindung ab.

Anfangs fand ich es früher sehr zuvorkommend, wenn der Kaffeevollautomat mich mit einem herzlichen „Guten Morgen" oder „Schönen guten Abend" im Display begrüßte. Ich hatte dann die Wahl zwischen einem starken doppelten Espresso oder einem aromatischen Kaffee.

Doch mit der Zeit sollte immer mehr neue Technik in die heimatlichen vier Wände einziehen.

Und die Technik entwickelt sich immer weiter. Zwischenzeitlich ist es sogar so weit, dass die Maschinen und der Mensch ganz unterschiedliche Sprachen sprechen. Dieses führt dann schon mal zu Kommunikationsproblemen. Gefühle können da schon mal stärker beansprucht oder gar verletzt werden.

Darüber sinniere ich, während ich eines Tages im Treppenhaus vor der verschlossenen Tür stehe. Ich bin ziemlich geschafft und außer Puste. Denn ich musste die letzten fünf Kilometer und auch noch die Treppen hoch laufen. Das Auto ist einfach stehengeblieben. Auf dem Display des Navi stand nur „Du weißt schon warum!". Mit Ausrufezeichen. Und daheim angekommen, hat sich dann spontan der Fahrstuhl meiner Kennung verweigert. Normalerweise fährt er mich direkt bis zu meiner Etage. Also Treppen steigen. Und nun stehe ich vor der verschlossenen Tür, weil mein Zahlencode nicht angenommen wird. Von drinnen ertönt laute Musik. Offensichtlich gegen mich gerichtet. Gerade brüllen Tic Tac Toe „Leck mich am A...leck mich am B..."
Wusste gar nicht, dass ich diesen Song schon als MP3 auf der Festplatte hatte. Oder stöbern die Geräte gerade selbst im Internet, was zu Ihrer Stimmung passt und laden passende Titel herunter, um sie über die Hifi-Anlage abzuspielen?!
Ich versuche mich zu erinnern, was der Auslöser für dieses Verhalten sein könnte. Habe ich etwa dem neuen Entsafter zu viel Aufmerksamkeit entgegengebracht. Ist die Moulinette-Alleskönner-Küchenmaschine nun beleidigt, weil ich sie in der letzten Zeit ein wenig vernachlässigt habe? Haben sich die übrigen Geräte solidarisiert und gegen mich verschworen?

Das muss es sein! Nun dringt von innerhalb der Wohnung ein neuer Titel durch die Tür: „Das bisschen Haushalt macht sich von allein..."

Ohjeh, hier helfen auch keine Pralinen und auch kein Strauß Blumen mehr, um diese Situation zu befrieden. Da bleibt nur noch die Flucht. Günstigerweise in ein Land ohne flächendeckendes Internet und einem Stand der Technik von vor 50 Jahren. Weiß da jemand etwas?

Von Dosen und Brillen

Laufe durch einen Baumarkt. Laufe durch einen Baumarkt auf der Suche nach einem Fachberater. In meiner Hand die Reste einer Steckdosenabdeckung. Ein simples Teil aus Plastik mit Löchern, welches auf die eigentliche wechselstromgebende Dose in der Wand aufgeschraubt ist.
Da! Da ist doch ein roter Overall zu sehen! Das muss einer sein!
Laufe den Gang hoch. Zwanzig Meter vielleicht. An zwanzig Meter Stahlregalwand vorbei. Eine ganze Regalwand mit Klobrillen. Wusste gar nicht, daß es so viele unterschiedliche Klobrillen gibt. Aus Holz, aus Kunststoff, mit einem Weichgummi- oder Lederüberzug. Mit großem Loch, mit kleinem Loch, mit geteilter Brille, mit automatischer Klappbremse, so daß der Deckel langsam runtergeht und nicht knallt. Zwanzig Meter. In allen Farben: rot, blau, grau, weiß, cremeweiß, schwarz. Und dann noch gestreift. Oder kariert. Mit Pinguinen drauf. Delphinen, Muscheln. Ich höre das Meer rauschen. Meer statt Wasserspülung. Doch wer will schon im Meer hocken und machen, wenn er Angst haben muss, von einem Delphin angestupst zu werden. Oder gar, daß das wertvollste Körperteil im harten Griff, im Zangengriff eines Krebses zu verlieren. Muss ja nicht sein. Doch: wo ist jetzt der Fachberater?
Verdammt! Einen Moment zu lang gegrübelt. Lang genug, um den Helfer in meiner Not aus den Augen zu verlieren.
Dabei will ich doch nur eine einfache Frage stellen. Wenn es ein Arbeitskräftemangel gibt, dann hier im

Baumarkt. Oder haben die Angst vor ihren Kunden. Obwohl....Kunde bin ich ja noch gar nicht. Will ja erst mal nur eine Frage stellen. Das bin ich nicht gewohnt. Normalerweise kann man Fachberater, Kundenberater oder "persönliche" Verkäufer nur schlecht abschütteln. Beim Möbelkauf. Oder beim Autokauf zum Beispiel. Da will man nur mal gucken, und hat dann die ganze Zeit einen Schatten hinter sich. Und bleibt man ein Sekündchen länger vor einem Objekt stehen, dann kommt der Schatten einen Schritt näher und will schon den Mund öffnen, um einen von den Vorzügen und dem günstigen Preis des Objektes zu überzeugen. Ach was, Preis? Das machen wir mit einer Finanzierung über unsere Hausbank.

Versuche es jetzt mit einer anderen Taktik. Bleibe nun bei den Dämmstoffen und Gipsplatten stehen und rufe:"Soso, heute günstiger als Tiernahrung. Und morgen wieder teuer, oder was?" Fernsehwerbung kann auch bilden. Der Fachberater in seinem roten Overall will zur Ohrfeige ausholen, aber ich komm ihm zuvor: "Haben Sie sowas?" Halte ihm das Plastikteil meiner Steckdose direkte unter die Nase.
"Gang Drei! Müssense aber 'ne ganze Steckdose nehmen!"
"Wie? NUR das Teil gibt es nicht?"
"Nein, nur mit kompletter Dose und Installationsmaterial!", antwortet der Rote, "Ist wohl aus Sicherheitsgründen, oder so!?"

Wir beide zucken mit den Schultern.
Ich kaufe zwei komplette Dosen und stiefele in mein neues Heim. Dort angekommen, steuere ich die nächste Stromquelle an, hole aus...und zertrümmere mit

meinem Stiefel eine weitere Dose.

Jetzt geht es mir besser! Und der Einkauf hat sich nun auch gelohnt.

Himmlische Spiele

"Oh, Herr! Oh, Herr, es ist so langweilig und öde hier. Es fehlt mir an Abwechslung. Eigentlich habe ich hier oben doch auch gar nichts verloren!"
Jim zog einen Schmollmund und schaute gar unglücklich.
"Nunja, …", antwortete der Allmächtige, "..im Allgemeinen mag das vielleicht stimmen. Du hattest als Rockstar zu Deinen irdischen Zeiten schon einen ziemlich unstetigen Lebenswandel. Doch Du hast den Menschen mit Deiner Musik, Deinen Texten auch viel gegeben. Vieles, was bis heute hält. Du wirst nach wie vor geliebt, wie die vielen Blumen und Briefe auf Deinem Grab in Paris beweisen. Das wiegt die eine oder andere Sünde - wie Hurerei und Drogenkonsum - auf."
"Und der John? Den kennen und verehren doch auch noch viele. Der hat für den Frieden gesungen. Und darf jetzt in der warmen Hölle am Flipper kickern!", entgegnete Jim dem Allmächtigen.
"Ja!", antwortete der Herrgott, "Das schon, aber John Lennon ist auch an der Trennung der Beatles mit schuldig!"
"…und Yoko…?!"
"Die Ono darf nicht zu uns. Weder in mein himmlisches Reich, noch in die Flammen meines Kollegen. Satanas und ich sind uns in diesem Punkt einig!", führte der Herr aus, " Wir können beide dieses hohe und schrille Kreischen, was sie Singen nennt, nicht ab!"

Jim Morrisson nickte: "Ich glaube, das kann ich nachvollziehen. Ein Choral klänge da gar schauerlich."

Nach einer kurzen Pause von ein oder auch zwei himmlischen Minuten, - Zeitmessung war hier oben relativ - machte Jim einen weiteren Ansatz: "Es ist so öde! Können wir nicht was spielen?"
Der Herr schien die Stirn zu runzeln: "An was dachtest Du da?"
"Ich habe schon ewig nicht mehr mit Murmeln gespielt. Das letzte Mal vielleicht als Kind. Ist Ewigkeiten her."
Er hatte noch gar nicht ganz ausgesprochen, da erschien schon ein Beutelchen aus dem unzählige Kugeln, gläserne Murmeln herausrollten. Jim war verblüfft. Eigentlich sollte ihn nach seiner Zeit, die er schon im Himmel war, nichts mehr erschüttern oder gar verwundern, aber der Allmächtige war immer wieder für Überraschungen gut.
"Dann lass uns doch eine Runde spielen.", brummte die warme Stimme.

Nachdem sie eine Weile hin und her gespielt haben, einer dem anderen mit seinen Murmeln weggekickt hatte, schien der anfangs hoch erfreute und enthusiastische einstige Frontmann der Doors die Lust wieder zu verlieren. Gott gewann nun mehrere Durchgänge hintereinander und hielt dann inne: "Was ist los, mein Freund? Wolltest Du nicht Murmeln spielen? Gefällt Dir das Spiel nicht mehr?"
"Mh, ja, schon…", antwortete Jim,"…aber auf die Dauer…also,…es fehlt ein wenig Anreiz. Damit es noch spannender wird!"

Er schien kurz zu überlegen.

"Wie wär's, verzeih' mir diese Frage, mein Herr, wie wäre es mit einer Wette?"

"Warum nicht?", antwortete der Allmächtige. "Mit Kollege Satanas habe ich das früher öfter mal gemacht. Steht übrigens ziemlich ausgeglichen zwischen uns beiden. Nur mal so am Rande. An was für eine Wette dachtest Du denn, mein lieber Jim?"

"Also. Ich überlege mir das so. Wenn ich schon nicht in die Hölle kann, dann…also…wie wäre es, wenn ich beim Gewinn der Wette zurück auf die Erde unter die Lebenden dürfte? Ein Leben als Einsatz."

"Gut, bin ich dabei!", stimmte der Herr zu.

Und Jim strahlte augenblicklich, während er die weiteren Bedingungen erläuterte. Gewonnen habe derjenige, welcher es schaffe, den schwarzen Superbucker, die undurchsichtige Murmel, genau in die Mitte, in den Schwerpunkt eines magischen Dreiecks, dessen Eckpunkte von jeweils einer Glasmurmel des Gegners gebildet werden, zu schießen und dort augenblicklich in einen Ruhepol zu bringen.

Sie spielten beide und hatten schon nach einiger Zeit jeweils eine Dreieckskonstellation erspielt. Jim war an der Reihe, schoß mit dem Daumen seine Murmel aus der Zeigefingerbeuge heraus; seine Kugel traf die Schwarze. Diese rollte, rollte, rollte und blieb leicht zitternd und dann zur Ruhe kommend im Murmeldreieck des Herren liegen.

"Ich schätze, Du hast gewonnen!", brummte der Herrgott.

Es blitzte kurz.

Es war hell. Jim musste blinzeln. Die Sonne schien auf ihn hinab. Er blickte sich um, und erkannte eine Art Bauwagen, an dem Kinder herumstanden, saßen, und um einen Erwachsenen herumtollten.

Offensichtlich war dieser Erwachsene eine Art Betreuer. An einer Brandmauer stand PA58. Er erkannte auch eine Tischtennisplatte.

Er kam auf der kühlen Granitplatte zu Sitzen.

"Oh, Guck mal! Was für ein schöner Schmetterling!".
Ein Mädchen machte große runde Augen und schien auf ihn zu zeigen. Auf ihn, den Jim. Moment? Wie ist er denn so eben auf der Tischtennisplatte gelandet? Er? Ein Schmetterling?

"Herr, warum als Schmetterling?", stieß er unhörbar für andere gen sonnigblauen Himmel.

"Über die Parameter als welche Lebensform und in welchem Teil der irdischen Welt Du landen wirst, haben wir nicht gesprochen.", füllten sich die Worte in seinem Kopf, "Genieße Dein Schmetterlings-Dasein im so genannten Soldiner Kiez in Berlin."

"Ja, aber…!" Jim wollte protestieren, doch wurde er von einem Knall, einem Aufprall dicht neben ihm, abgelenkt und aus seiner momentan Empörtheit herausgerissen.

"Wer ihn zuerst mit 'ner Murmel voll krass erwischt, hat gewonnen und ist King von Gotenburger!"

"Doofe Jungs, ey!"
Weitere Wortfetzen von kindlichen Stimmen konnte er schon nicht mehr wahrnehmen. Plötzlich wurde es finster, als der schwarze Bucker direkt auf ihn zukam.

"Hey, Jim, Peace! Wo warst Du so lang? Komm', lass uns 'ne Runde Flippern und dann 'n bisschen jammen.", John Lennon schien wirklich erfreut, putzte mit einem Hemdzipfel die Gläser seiner Nickelbrille und setzte sie sich auf die Nase. "Yoko kommt auch bald!"

Moral von der Geschicht (denn so was darf hier jetzt nicht fehlen): Fordere nie einen Stärkeren heraus! Und wenn, dann wäge recht gut Deine Chancen und Optionen ab. Wenn Du glaubst clever zu sein, dann unterschätze auch nicht den Geist Deines Gegenüber.

Und weil's so schön, gleich noch so 'ne besserwisserische Moral: Manchmal ist es besser, sich mit dem zu begnügen, was man hat. Und sei es noch so öde.

Meine Eisige

Ohja, ich habe Zeit. Da kannste Gift drauf nehmen. Ich habe Zeit. Und wenn ich mir hier in der Eiseskälte was weg hole, wird es mir trotz allem eine reine Befriedigung sein. Denn ich werde obsiegen.
Ich spucke aus.
Schon seit Stunden stehe ich hier an der Stelle und warte. Ich bin geduldig, denn ich bin mir meiner Genugtuung verdammt noch mal sehr bewusst. Währenddessen hat sich wieder genug Speichel gesammelt und ich spucke erneut auf die eine Stelle. Und dass ich das mache, daran bist Du selbst schuld, jawoll! Du wirst schon sehen, was Du davon hast. Du machst das nicht noch mal. Nicht noch mal wirst Du das gleiche tun und wiederholen, was Du die letzten Tage immer wieder mit mir gemacht hast. Du Ignorant! Du Egoist! Du wirst das schon merken, das sage ich Dir.
Ich spucke wieder auf die Stelle, wo sich schon ein kleiner glatter Hügel entwickelt hat. Fast wie ein flacher Vulkan. Würde die Sonne scheinen, würde es dort jetzt wunderbar funkeln. Wie ein mehrkarätiger Edelstein. Nur die Sonne scheint schon seit zwei Wochen nicht. Also wirst Du diese Stelle auch nicht sofort wahrnehmen, da bin ich mir sicher.
Nein, dass wirst Du nicht wieder tun, was Du mir getan hast. Ich spucke aus. Es platscht auf seine Vorgänger und gefriert umgehend.
Ja, mir ist kalt. Ein wenig zittere ich vielleicht auch. Vielleicht wegen der Kälte? Oder der vorfreudigen Erregung wegen? Ich weiß das jetzt nicht. Was ich weiß ist, dass es Dich umhauen wird. Oh ja! Sprichwörtlich sozusagen. Du wirst auf meinem glatten Spu-

cke-Berg ausrutschen. Den Spucke-Eishügel, den ich hier hin gespeichelt habe. Und dann wirst Du erkennen! Und Du wirst mich nicht mehr ignorieren und anrempeln; Du wirst mich dann grüßen, mir aus dem Weg humpeln, so schnell Du es mit Deinen Armstützen vermagst. Denn das ist mir Genugtuung. Meine Rache, meine eisige....

Szenen einer Partnerschaft II.

Er: „Menno, ich bin zu dick."

Sie: „ Dann müssen wir halt Sport machen."

Er: „Mmh, Laufen vielleicht?"

Sie: „Okay! Bin ich mit dabei."

Er: „So 'ne Runde um den Block ist ja nicht verkehrt."

Sie geht ins Arbeitszimmer, holt dort was vom Schreibtisch und lässt es auf den Boden fallen:„Na, dann lass uns mal mit A4 anfangen."

Der Roadie hat gekündigt...

Rhalf

Daheim find ich keine Ruhe. Eigentlich müsste ich ja einen Text schreiben. Nur macht mir der Anfang schon Schwierigkeiten. Worüber soll ich den schreiben? Beziehungsweise, wie gehe ich an das gewählte Thema heran? Mir will nicht so wirklich etwas einfallen. Dazu kommt, dass ich mich schwerlich konzentrieren kann. Das Katervieh maunzt schon den ganzen Morgen und macht einen Krach wie sonst das ganze Jahr über nicht. Frühlingsgefühle im Herbst vielleicht. Eventuell will er ja raus in die Natur an diesem wahrscheinlich letzten richtig warmen Tag des Jahres. Über 20 Grad im Oktober. Na frohes Fest. Dann wird es Weihnachten wieder regnen wie Sau und im März eisig kalt. Von wegen Klimawandel. Ich glaube ja eher, dass sich die Jahreszeiten ein wenig verschoben haben.
So wie der Pol sich beim Fukushima-Erdbeben um vier Meter verschoben hat.

Jedenfalls macht der Kater Geschrei vor der Balkontür. Und alle anderen Bewohner unserer Behausung reagieren inzwischen genervt, gereizt, um nicht zu sagen, es macht sich eine aggressive Grundstimmung in den ansonsten gemütlichen Räumlichkeiten breit. Auch meine Geduld sowie das Nervenkostüm hängen mitunter an einem dünnen, seidenen Faden. Speziell dann, wenn ich unter dem Druck stehe, noch für den Abend einen Text zu schreiben. Ich nehme also mein Netbook unter den Arm, verlasse die Wohnung und strebe die Gastwirtschaft meines Vertrauens.

Dorthin, wo an meinem Lieblingstresen mein Lieblingsgetränk ausgeschenkt wird. Ein kühles Blondes. Das flüssige Brot für Genießer.

Nach einem kurzen Fußmarsch betrete ich den Laden. Wie erwartet, befinden sich zu dieser frühen nachmittäglichen Stunde nur wenige Gäste im Lokal. Keine bekannten Gesichter, abgesehen vom Wirt und dem Indianer am Tresen. Tatsächlich ist dieser Indianer nach unserem ersten Zusammentreffen im Sommer regelmäßiger Kunde in dieser Trinkanstalt geworden und wir trafen uns häufiger am Tresen und in einer Unterhaltung wieder.

Heute steht er wieder an seinem Platz am Tresen. Vor ihm ein Glas, welches er argwöhnisch zu beäugen scheint. Er hat seine Hände um den Messinglauf gelegt und drückt die Arme durch. Als wolle er auf einen schützenden Abstand zwischen ihm selbst und dem Glas vor ihm beharren.

„Wie immer?", fragt mich der Wirt während ich mein Netbook auf dem Tresen ablege und damit signalisiere, dass ich vorhabe, länger bleiben zu wollen. „Aber sicher.", bejahe ich seine Frage und habe kurz darauf eine Flasche meiner favorisierten Biersorte vor mir auf dem Tresen stehen.

Nach ein paar Schlucken aus dem Glasbehälter wende ich mich an ihn: „Du. Du, sag mal. Was issen mit Ihmchen hier?"

Ich zeige dabei mit dem Daumen auf den erstarrten Indianer rechts neben mir.

„Marktforschung.", antwortet der Wirt.

„Marktforschung?"

„Jau. Marktforschung!"

Ich bin verblüfft. „Wat denn für'ne Marktforschung?"
„Rhalf!"
„Ralf?"
„Jau, Rhalf! Mit ‚H', verstehste?"
„Ehrlich gesagt…Nö, keinen Ton."

Ich bin noch neugieriger geworden. Allerdings scheint sich das Gespräch ein wenig in die Länge zu ziehen, da die Informationen nicht gerade so flüssig aus meinem Lieblingswirt herauslaufen, wie das von ihm meistverkaufte Produkt aus seinen Zapfhähnen.
„Tja, also Rhalf…"
Der Indianer gibt einen leicht knarrenden Ton von sich. Ein knarzendes Geräusch aus seiner Kehlkopf-Gegend irgendwo zwischen Gurgeln und Aufstöhnen. Ohne sich dabei aus seiner Schockstarre zu lösen. Wir, der Wirt und ich, schauen ihn kurz an. Keine Reaktion.
„Tja, also Rhalf…", nimmt der Wirt den Faden des Gespräches wieder auf, „…wird das neue Trendjetränk. Und ick habs erfunden, wa?!"
Er zeigt auf das Glas, welches vor dem Indianer auf dem Tresen steht.
Darin eine leicht rötliche Flüssigkeit mit Hauch ins Pinkfarbene.
„Nen Rosé oder wat soll die tuffige Farbe darstellen?"
„Nee, keen Rosé. Det issn orijinal Rhalf vom Wedding. Meene Idee. Jibbet nur hier bei mir. Einmalig. Und wenn et sich durchsetzt, verkoof ich die Rechte daran uff Lizenz."
„Naja.", werfe ich ein, mit einem Seitenblick zu meinem indianischen Nachbarn, „die Marktforschung weiß offensichtlich noch nischt vonnem Trend. Aber was iss denn det nun?"

„Also, pass auf…"

Mein Gastgeber hat wohl zu viel von diesen massen-kompatiblen Comedians im Fernsehen mitbekommen. Immer, wenn so ein Spaßmacher „Pass auf!" sagt, ist das eine Ankündigung: „Achtung, hier kommt jetzt die Hammer-Pointe, bei der Ihr einfach ausflippen müsst, weil diese Pointe so hammermäßig geil ist. Also passt gefälligst auf, damit Ihr diesen genialen Joke nicht verpasst!"

„Also, pass auf…", sagt der Wirt, „Auf der Müller-straße hat doch jetzt auch so'n komischer Biosuper-markt aufgemacht. Ich also hin, um mal zu gucken. Kaufen wollt ick eh nischt. Nur mal gucken. Weil, das ist mir suspekt, wenn'et da'ne janze Kette von Su-permärkten jibt, die anjeblich nur Bio verkaufen. Weil das iss ja denn wieder Massenproduktion in den Men-gen. So'ne einwandfreie Qualität kricht keen Klein-bauer in den Massen hin, die da verkaufen tun…"

„Und was hat dat mit dem Jesöff…?"

„Kerle, nun unterbrich mich doch nicht. Ick erzähl's doch grad. Also, ick bin da am gucken und schauen, da krich ich nen Jespräch mit. Steht da so einer der Typen vom Leo mit einer roten Jemüstestange. Und weisste, wat der einen der Verkäufer jefragt hat?"

„Nee," , ich schüttele den Kopf, „Weiß ich nicht. Aber Du sachst es mir sicher gleich."

Er zwinkert.

„Jenau. Der steht vor dem Verkäufer mit ner Stange inner Hand und fragt, pass auf…!"

Ich stöhne.

„Er sagt „Jibbt's dat auch als Bier?""

Ich verdreh die Augen. Er lacht. „Hahaha, det iss Wedding, hahah…!"

Der Indianer neben mir rührt sich immer noch nicht und starrt auf sein Glas.

„Und Ralph…?"

„Hä? Ach genau…", sammelt sich der Wirt wieder, „Also, diese Stange, wie sich rausstellte, war Rhabarber. Und da fiel mir dann uff, det jibbet wirklich nicht als Bier. Also schon, mit Erdbeer und als Jeschmacksstoff. Aber so als Kultjesöff wie dieses andere da, det Hugo, also sowat jibbet noch nicht. Also erfind ick det."

„Rhabarber mit Sekt?", frag ich ihn.

„Nee, wieso Sekt?", er schaut erstaunt.

„Na, weil de eben Hugo erwähntest…"

„Achso, nee. Natürlich mit Bier!"

„Bier mit Rhabarber?", jetzt bin ich erstaunt.

„Ja, nee, mehr so Rhabarbersaft und Bier mit nem Schuss jeheimer Zutat."

„Geheime Zutat?"

„Ja, Rhabarber."

„Rhabarber-Rhabarber-Bier?"

„Nö, Rhalf! Mit H nach dem R. Wie Hugo. Das wird Kult. Und nur in kleinen Gläsern zu hohem Preis!" Er deutet auf das Glas vor dem Indianer. Dieser gibt wieder einen kehligen Laut von sich und löst sich spontan aus seiner Starre: „ Ürghh, Ihr bleichgesichtigen Brüder seid doch komplett meschugge!"

Er lässt den Messinglauf vom Tresen los, dreht sich auf seinen Mokassins um 180 Grad und verlässt ohne weitere Worte oder Grüße den Laden.

„Na,", sag ich, „von einem neuen Kult scheint Deine Marktforschung noch nichts zu wissen. Da musste wohl nochmal ran."

Der Wirt schaut ein wenig traurig: „Willste nen Rhalf? Ich hab grad ‚nen Gläschen über. Jeht auf's Haus."

„Nein, Du. Lieber nen richtiges Bier inner richtigen Flasche. Ist nett, Danke!"

Ich bekomme noch eine Flasche meiner favorisierten Sorte und bin glücklich. Denn eine Idee für einen Text hab ich dann auch noch bekommen.

Klassentreffen (der Vorlesetag)

„Was für eine Klassenstufe werde ich denn haben?"
Ich stelle diese Frage per email meiner Arbeitskollegin, die mir diesen Auftritt verschafft hat.
Anlässlich des deutschlandweiten Vorlesetag. Einen
Tag an dem vielerorts in Schulen und anderen öffentlichen Gebäuden, wie Bibliotheken für Kinder vorgelesen wird. Initiiert durch die Stiftung Lesen, der Zeitung Die Zeit und der Deutschen Bahn AG. Viele
Vorleser bundesweit, darunter etliche Promis, wie
beispielsweise die Schauspielerin Ursula Karven bei
einem norddeutschen Verlags- und Buchdruckunternehmen.
Ich lese in einer Grundschule im Brandenburgischen,
wo meine Kollegin im Förderverein engagiert ist. Dort
werde ich der Promi sein.
Meine Kollegin antwortet: „Fünfte und Sechste. Also
richtige Rotzlöffel."
Die Antwort beruhigt mich ein wenig.
Denn ich war bereits im Frühjahr in dieser Grundschule und habe dort vor den etwas jüngeren Schülern
gelesen. Dritte und Vierte Klassen. Mein Pulver an
einfachen und jugendfreien Texten war demnach bereits schon recht gut verschossen und verbraucht. Ich
konnte ja nicht die gleichen Texte schon wieder vortragen.
Die Älteren sind da schon ein wenig weiter. Da könnte man schon ganz andere Geschütze auffahren.
Ich bin auch beruhigt, weil ich nicht noch in einer
Nachtschicht mir ein oder zwei neue Texte aus den
Fingern saugen müsste.
Ich packe also meine Texte in die Tasche, wähle zwei,
drei Texte aus, die wenig oder gar keinen Alkohol

beinhalten, markiere diese mit Post-it's, damit ich sie schnell wiederfinde, dazu ein Büchlein mit einer Kurzgeschichte von Terry Pratchett und ein Band von Horst Evers.

Das verstehen die schon. Ich selbst hab in diesem Alter schon blutrünstige Kriminalromane und Horrorthriller gelesen. John-Sinclair hat mir so manche schlaflose Nacht bereitet.

Nicht, weil ich Alpträume bekam, sondern weil ich eine gute Taschenlampe besaß, mit der man lange im Bett unter der Decke noch lesen konnte.

Am entsprechenden Morgen besteige ich sehr frühzeitig das Auto, richte das Navi, und fahre los. Ich hab ja Zeit. Das Navi errechnet, ich würde fast eine Stunde vor Schulstundenbeginn vor Ort sein. Ich hab ja Zeit. Ich steh auf der Avus. Ich fahre nicht. Ich rolle nicht. Nein, ich stehe im Stau. Naja, wird ja bald weitergehen. Ich hab ja noch genügend Zeit. Das Navi errechnet, ich würde jetzt eine Viertelstunde vor Schulstundenbeginn am Ziel ankommen. Ich knapper an meinen Fingernägeln. Die Klassen warten dort auf mich. Ich muss pünktlich sein. Vorbildfunktion und so.

Es rollt langsam. Das Navi errechnet eine Ankunftszeit von einer Minute nach Schulstundenbeginn. Ruhiger werde ich davon nicht.

Hinter Berlin ist die Strecke dann frei.

Das Navi meldet sich. Ich schnauz das Navi!

„Halt die Klappe!"

Angeblich bin ich zu schnell.

Ich fahr von der Autobahn ab und lande auf der Bundesstraße hinter einem landwirtschaftlichen Nutzfahrzeug.

Ich bleibe ruhig. Ruhig und gelassen! „MACH DICH VONNER PISTE, DU BAUER. ICK BRING DEINEN KINDERN KULTUR!!!"

Letztendlich komme ich um Punkt auf den Parkplatz vor der Schule an.
Ich werde schon erwartet und mit Winken begrüßt und hineingeleitet.
Durch den Seiteneingang, wie einem großen Star gebührt, direkt in die Aula.
Dort sitzt bereits mein Vorprogramm – oder sollte das die Notlösung sein, falls ich doch nicht rechtzeitig ankomme – mit einem großen Bilderbuch.
Vor Fünft- und Sechstklässlern. Mit einem Bilderbuch!
Ich werde kurz vorgestellt und darf dann lesen. Beginne mit einem kurzen Text von mir, welcher auch annehmbar von meinem sehr kritischen Publikum aufgenommen wird.
Mein Nordpol-Text, wo ich einen Eisstand in der Eiswüste aufmache, bevor die Klimaerwärmung so richtig zuschlägt und andere mir diese Idee strittig machen, löst kurze Diskussionen aus und wird umgehend verrissen. Das mache doch keinen Sinn. Ist unlogisch. Eis am Nordpol verkaufen. Und dann auch noch für fünf Euro die Kugel. Das ist schwachsinnig. In ihren Augen erkenne ich, dass sie von einem Erwachsenen doch mehr Verstand erwartet hätten. Deshalb lese ich gerne vor Publikum, mache ich Lesebühne. Man erhält die Reaktion vom Publikum sofort.
Das ist nicht immer schön. Man kann daran allerdings wachsen.
Am besten kommt der Text von Horst an, wo dieser

erzählt, wie er mal Fußball gespielt hat, nach über 15 Jahren, nach einem Kopftreffer total verwirrt durch das kalte Berlin im Februar tappt, und einen Hund mit umgebundenen Handy trifft, damit man diesen findet und zurück zum Herrchen bringt. Gegen Finderlohn natürlich. Das wird am Handy versprochen. Er aber den Hund günstig an seinen Freund weiterverkauft, samt   Finderlohnanspruch. Total realistisch das Ganze.

Aber eine Fußball-Geschichte trifft natürlich den Nerv.

Zwischendurch beim Lesen blinzele ich immer wieder mal zu einer der Lehrkräfte. Ich bin unsicher. Denn schließlich grabe und acker ich gerade auf ihrem Feld. Auch wenn ich eingeladen bin, das ist hier ihr Territorium. Da sollte man es sich nicht verscherzen. Es wird zustimmend genickt. Ich mache also alles richtig. Sehr schön.

Und wie angekündigt und erwartet, sind natürlich auch ein paar Rangen dabei.

Manche werden unruhig nach einer Weile. Das kenne ich. Die Konzentrationsfähigkeit lässt bei einigen Menschen halt früh nach.

Wo war ich gerade?

Ich zucke zusammen. Soeben kam von einer Lehrerin ein „ANDREAS ZEH!".

Da widerspricht man nicht.

Da gehorcht man!

Ganz automatisch! Das ist besser. Und gesünder! Auch in meiner alten Grundschulklasse damals gab es mehrere Jungen mit dem Namen Andreas. Der Dicke, der Kleine, der große Andreas, und der Schulze. Ebenso sind mir die Steigerungsformen geläufig. Bei einer kleinen Ermahnung hieß es nur ANDI!

Die preiswerte Ordnungswidrigkeit: „ANDREAS".
Und wenn es ganz Dicke kam, quasi der Anhörungs-
bogen mit Punkte-Androhung:"ANDREAS SCHUL-
ZE".
Und bei „JUNGER MANN!" war das Vaterland ver-
loren.
Nach der Lesung kommen ein paar der Kids zu mir.
Sie fragen nach dem Autor der Fußballgeschichte.
Ich mag den Horst ja sehr. Da gibt es kein Neid. Aber
eins ist nun mal klar: zum nächsten Klassentreffen
und Vorlesetag nehm ich nichts von ihm mit!

Es wird Herbst

„Es wird Herbst! Die Fahrradfahrer werden weniger!", denkt sich Bernd … und ritzt eine weitere Kerbe in das Lenkrad seines Fahrzeuges.

Bürokommunikation

Es ist still im Raum. Es ist verdammt still in diesem Großraumbüro, obwohl hier rund zehn Leute an ihrem jeweiligen Arbeitsplatz hocken und irgendeine Arbeit an ihrem Computer-Bildschirm-Arbeitsgerät verrichten. Oder zumindest so tun, als ob sie etwas Wichtiges verrichten, was ihre vollste Konzentration und Aufmerksamkeit benötigen würde.

Es wird nicht gesprochen. Nicht miteinander. Das ist etwas, was ich nicht wirklich verstanden habe, als ich seinerzeit in diese Abteilung gewechselt habe. In der Abteilung, wo ich zuvor beschäftigt gewesen bin, waren wir zwar eine kleinere Gruppe, aber es wurde auch miteinander gesprochen. Es wurde rumgeflachst. Es wurden Neuigkeiten ausgetauscht. Oder einfach auch nur mal ganz Banales verbal in den Raum geworfen. Das lockerte die Stimmung und förderte die Moral sowie den Zusammenhalt im Team, in der Gemeinschaft.

Am unteren Bildschirmrand meiner Desktop-Oberfläche fängt es an zu Blinken und ein kleines Fenster erhebt sich aus der unteren Ordnerleiste. Ich muss, an dieser Stille das vorher geschriebene ein wenig revidieren. Denn es wird vereinzelt durchaus miteinander kommuniziert. Seit wir auf Arbeit diesen Messenger-Dienst haben, werden kurze Nachrichten sehr gerne über dieses Chat-Fenster ausgetauscht. Hat den Vorteil, dass man nicht für jede Kleinigkeit „um die Ecke", also in die Teeküche oder in das kalte Treppenhaus ausweichen braucht, um die anderen Kollegen entweder durch die Lautstärke nicht zu stören, oder gar zum Mithören zu ermutigen.

Auch fällt man als Nichtraucher weniger auf. Einem Raucher wird das eher verziehen, wenn er den Schreibtisch und das Büro mal kurz verlässt. Vordergründig um „Eine" durchzuziehen.

Hin und wieder gehe auch ich mal mit, kurz eine „kalt" rauchen. Als aktiver Passivraucher. Und um des Socalizings wegen.

„Und???" erscheint in dem Fenster auf meiner Bildschirmoberfläche. Mit drei Fragezeichen. Nichts weiter als dieses eine Wort und drei Fragezeichen. Ich schreibe in der erwarteten Ausführlichkeit zurück und beantworte somit die mir gestellte Frage: „Muss!" Das Symbol für eine Kaffeetasse gefüllt mit dampfender Flüssigkeit erscheint im Messi-Fenster. Ich verstehe den Informationsgehalt dieses Symbols sofort, ohne lange darüber nachzugrübeln. Aus der Liste wird ein zwinkernder Smiley ausgewählt und zurückgeschickt. Danach ergreifen zwei Personen im Raum zu ihrer jeweiligen Kaffeetasse, erheben sich von ihren Stühlen und steuern die Tür des Großraumbüros an. Meine mir gegenübersitzende Kollegin und ich werden nun die nächsten Minuten in der Teeküche ausführlich den weiteren Tag beratschlagen. Dieser Messenger mit seinem Chat-Fenster ist allerdings Segen und Fluch zugleich. Ist er zum einen hilfreich weiterhin untereinander in Kontakt zu bleiben, auch wenn man quasi am gleichen Schreibtisch sitzt, allerdings in anderen Welten.

Manche Menschen nutzen dieses elektronische Hilfsmittel sogar ausgiebig, um sich mehr aufzudrängen als sie es ohnehin schon tun. Ein Psychologe würde das wohl als verzweifelten Hilferuf um Aufmerksamkeit interpretieren. Kann ja nicht jeder sich bei den Filmfestspielen nackt vor die Linsen der anwesenden Bild-reporter in Pose werfen. Oder Amok laufen. Das ist auch keine gute Idee.

Also bringt man sich auf einem anderen Wege zu vollster Aufmerksamkeit.

Ich sitze wieder vor meinem Monitor und tippe ir-gendwelche Zahlen in irgendeine Excel-Tabelle als das Telefon Geräusche von sich gibt. Es klingelt nicht. Nein, es macht Geräusche. Anders kann ich es nicht beschreiben, denn ein Klingeln im klassischen Sinne von einem Telefonringen ist es nun mal nicht. Bei zehn Leuten oder mehr in einem Raum, und der dazu-gehörigen Anzahl Telefonen, ist man zum Zwecke der Unterscheidbarkeit dazu übergegangen, individuelle Klingeltöne auszuwählen und einzustellen. Mein Gerät hat „Bass 1".

Ein Kollege hat zu Beginn einmal „Voice Man One" eingestellt gehabt. „Voice Man One" ist vom Prinzip her gleich der Einstellung „Voice Female One". Nicht zu Verwechseln mit „Voice Female Two".

Allerdings eine weibliche Stimme statt der männli-chen. Doch der Klingelton ist abgesehen davon fast identisch: „Anybody There? Anybody There? Anybody There?"

Eine Stimme wiederholt ständig diese Frage, solange, bis jemand das ankommende Gespräch annimmt, oder der Anrufer seinerseits aufgelegt hat.

Nachdem wir den Kollegen von den Vorzügen eines angenehmen Raum- und Büroklimas überzeugt haben, während er kopfüber aus dem Fenster hing – unser Büro befindet sich in der fünften Etage – änderte er anschließend die Einstellung am Telefon freiwillig auf „Harfe 3".

Also mein Bass klingelt. Oder: mein Telefon basst. Ich geh ran und hab einen dieser aufmerksamkeitsdefizitären Kollegen am Ohr: „Du, ich wollte nur sagen, ich schick Dir gleich eine email, ja?! Haste gleich! Moment, ich sende jetzt. Wollte ich nur sagen. Nicht, dass Du dich wunderst. Ist schon unterwegs." Kaum hat er aufgelegt, poppt in meinem Email-Programm eine neue Nachricht auf.

Ich hab diese neue email noch gar nicht aufgemacht, da kommt schon das Messi-Fenster hoch: „Und? Haste schon? Ist das email schon da? Kannste mich dann mal anrufen?"

Ich möchte gerade lostippen, und den Empfang bestätigen, als das Telefon basst: „Ja, ich! Wollte nur hören, ob Du die email schon gelesen hast. Und? Was sagste...?"

Da der Messenger auch per Ampel – also einem grünen oder roten Punkt –anzeigt, ob man online ist, oder nicht, geht der Wahnsinn sogar soweit, dass, wenn man nicht sofort und umgehend auf eine Nachricht reagiert - also innerhalb von Sekunden -, man sich beim jeweiligen Vorgesetzten erkundigt, was denn da los sein könne. Warum antwortet er denn nicht? Nun ja. Ich hätte da eine Antwort. Es könnte ja rein theoretisch sein, dass man zwischendurch ja ausnahmsweise doch noch etwas zu tun oder zu arbeiten hat.

Wieder erhebt sich das Chat-Fenster am unteren Bildschirmrand: „Hi."
Dann lange Zeit nichts. Ich hab mir angewöhnt auf so blöde Anmachen schon gar nicht mehr zu reagieren.

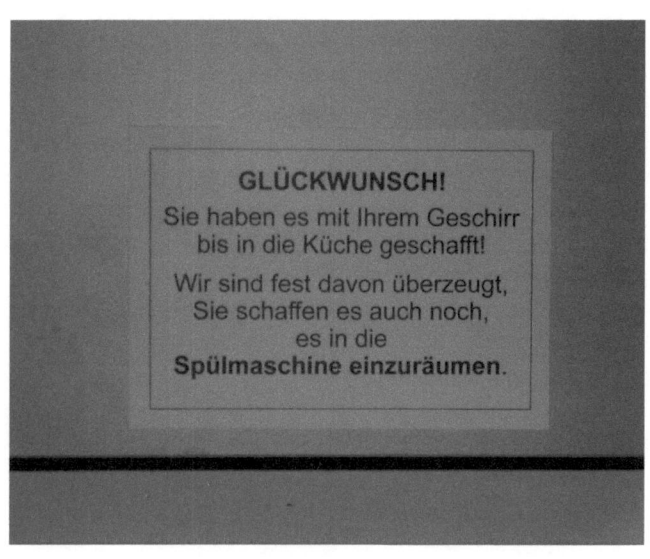

Hashtags: *#bürokommunikation, #kindergarten*

Minuten später kommt das Fenster wieder hoch:" Hi, How are you?"

Auch nicht besser, denke ich. Außerdem geht Dich das nichts an, wie es mir geht. Sag' doch einfach was Du willst.

Irgendwer hat unseren indischen Kollegen einen Kurs in Kommunikation mit neuen Medien und internationalen Mitarbeitern gegeben. Seitdem schreiben sie einfach nicht mehr, was sie eigentlich wollen, sondern versuchen krampfhaft eine Konversation via Messi zu starten. Und zwar so, wie sie es gelernt haben: „Hi, How are you?"

Ich drück das Fenster weg.

Ein weiteres Fenster geht hoch und unvermittelt bin ich in eine Gruppendiskussion eingeladen:

„Was gibt's heut inner Kantine zu Mittag?"

„Lasagne!"

„Igitt, hoffentlich ist die frisch und kein Schimmel dran."

„Haste was mit der Pferdauung?"

„Kinners, ist das Thema nicht schon totgeritten?"

„Gibt's keine Fohlenkartoffeln?"

Ich bin gelangweilt und verlasse die Diskussion. Öffne ein neues Fenster an meine Kollegin vis-a-vis und wähle das Kaffeetassensymbol aus der Liste.

Es ist still im Raum. Nur hier und dort klappert eine Tastatur.

Ich weiß, was meine Kollegen gerade machen. Ich drücke auf ‚Senden' und greife zu meinem Kaffeepott während ich aufstehe.

Szenen einer Partnerschaft III.

Im Hintergrund läuft das Radio mit Verkehrsnachrichten und dem Wetterbericht. Sie steht vor ihrem recht gut gefüllten Teil des Kleiderschrankes.

Sie: „Schatz?"

Er: „Ja?"

Sie: „Schatz?!"

Er: „Ja doch. Was ist denn?"

Sie: „Ich hab' nichts anzuziehen."

Er: „Dann geh halt nackt."

Sein geplanter Tagesablauf ändert sich spontan. Er lernt die renovierten Räumlichkeiten seines Arztes kennen.

Sonntagseinkauf

Es war einer dieser verkaufsoffenen Sonntage und ich bin noch einmal los, um einen Beutel Katzenstreu zu kaufen. Ausgerechnet auf einen Sonntag. Hätte man ja schon an einem der regulären Arbeits- und Wochentage davor machen können.

Aber nein, nun musste es sein. An einem Sonntagnachmittag. Ich persönlich hasse es ja schon, Freitags oder Samstags einkaufen zu gehen. Das ist jedes Mal die Hölle. Als hätten die Leute nur darauf gewartet. Hurra! Samstag! Wochenende! Schatz, lass uns zum Real oder Kaufland fahren. Und die fünf Kinder nehmen wir auch noch mit. Und Oma und Opa auch! Die können dann aufpassen! Wart mal. Ich ruf vorher noch meine Schwester an. Vielleicht will sie mit ihrer Familie ebenso dabei sein. Dann würde sich das auch lohnen. Dann kaufen wir mehr und sparen dabei. Kaufe drei Artikel und bezahl nur zwei. Und dass dann mal zwei. Also sechs kaufen und nur vier bezahlen. Und wenn wir mit zwei Autos fahren, können wir auch mehr transportieren. Das wird toll!!!

Yo, klar!, sagt Männe-Schatzi-Mausi daraufhin, im Holiday-Erlebnispark waren wir ja gerade erst. So vor acht Jahren! Einkaufen! Goil! Genau das machen wir jetzt! Hurra, das Wochenende ist gerettet. Nun also Sonntag. Samstag ging aus irgendwelchen Gründen nicht, aber unser Kater brauchte mal dringlichst neues Klopapier. Dürfte ja nicht so schwierig sein, dachte ich. Ist doch eine Kleinigkeit: rein in den Laden, Beutel mit Streu greifen, an der Kasse bezahlen und wieder raus. Sollte nicht mehr als fünf bis zehn Minuten dauern. Dachte ich. Man war ick naiv.

Ich steuerte als erstes den Discounter in den Osramhöfen an und musste staunen. Keine Einkaufswagen mehr. Wo waren die hin? Geklaut? Am gestrigen Samstag mit den vielköpfigen Familien und deren Mega-Einkäufen fürs nächste halbe Jahr weggekarrt? Also Schultern gezuckt und durch's Drehkreuz geschlurft. Und siehe da: Da hatte ich einen Einkaufwagen gefunden.

Beziehungsweise, ich muss das korrigieren, der Einkaufswagen hat mich gefunden. Und zwar schmerzhaft in meiner Seite. Am anderen Ende des Wagens war ein älteres Muttchen. Giftige Blicke schossen auf mich. Bevor sie ihren Gehstock aus dem Korb des Wagens zerren und mich mit diesem Verprügeln konnte, ergriff ich die Flucht.

Humpelnd kämpfte ich mich weiter in den rückwärtigen Bereich des Geschäftes. Hier lagen schon erste Opfer auf, neben und in der Kühltruhe. Pizza war aus. Ebenso Eiscreme. Ein Kind hat wohl versucht am Boden der Kühltruhe Eis-Reste mit der Zunge aufzunehmen. Vergeblich. Da war nichts mehr. Offensichtlich der Erschöpfung erlegen, blieb es letztendlich mit der Zunge am Kühltruhenboden klebend in eben jener Kühltruhe liegen. Vermisst wurde es wohl nicht. Zwar schallten einige Rufe durch den Laden: „Schantall! Schantall? Kommst Du wohl her? Oder nicht?"

Die kleine Schantall entschloss sich für „oder nicht". Der Ruf kam noch einige Male an meine Gehörgänge. Oder gab es hier etwa mehrere Schantallen? Wundern täte es mich nicht.

Auch Tomek und Achmed wurden gerufen. Man war international. Einkaufen, das verstand man in allen

Sprachen. Vereinzelt kamen dünne Stimmchen zurück: „Mama? Anne?"

Während es in großen Möbelhäusern ein Spielparadies gab, wo man seine Kinder abgeben und zum Ladenschluss wieder abholen konnte, gab es hier im Discounter ein anderes System. Kinder parkten bei den Süßigkeiten und Knabbersachen.
Da es hier sehr viele Kinder gab, konnte man sich einfach eines mitnehmen. Manch Familie fand so ihr Traumkind.
Ich suchte nach dem Regal mit dem Tierfutter und Tierzubehör. Das war gar nicht so einfach, da hier nahezu alle Regale gleich aussahen. Gleich leer!
Ich fand ein Regal wo zumindest noch ein Schild davon kündete, dass es hier schon mal in früheren Zeiten Katzenstreu gegeben haben muss. War ich von dem Krach, dieser miesen Akustik, dem künstlichen Licht, und der dünnen Luft schon so meschugge? Oder standen da wirklich noch Reichsmark auf dem Schild? Also gut, kam ich zum Schluss. Ein Zurück gab es hier nicht mehr. Demzufolge zwei Dosen Bier gegriffen und der Formalität entsprechend an der Kassenschlange anstehend, letztendlich dem Ausgang zustrebend. Wenn es schon kein Streu mehr gab, dann was Nützliches für den Katzenpapa. Nur wo war das Ende der Kassenschlange?

Ich fragte einen Mann, der mit Einkaufswagen und Buch in der Hand auf meiner Höhe stand. Ja, er las tatsächlich einen Roman. Einen ziemlich dicken Roman sogar. Er antwortete mir, dass er das nicht so genau sagen könne, wo das Ende der Schlange sei. Ich solle es mal bei Obst und Gemüse direkt am Eingang versuchen. Dort hätte er sich vor etwa vier Stunden eingereiht.

Nach einigem Suchen, fand ich das offensichtliche Ende. Um mich allerdings zu versichern, fragte ich die Dame, welche mit ihrem Wagen das Schlusslicht bildete, ob sie das Ende der Kassenschlange sei. Sie bejahte dieses und fragte nun mich wiederum, welches Datum wir schreiben würden.

Etliche Zeit später war ich am Kassenband angelangt. Vor mir wurde ein kleines Kind vom Band gehoben, an der Kasse eingescannt und in einen Wagen hinter der Kasse verfrachtet. Die glücklichen neuen Eltern bezahlten freudestrahlend bei dem vollbärtigen, ausgezerrten und abgemagerten Kassierer.

Als ich an der Reihe war, sagte ich dem Kassierer, dass es kein Katzenstreu mehr gäbe. Er gab einen Grunzlaut von sich. Jedenfalls hörte er sich durch seine Bartfussel so an. Er griff schräg hinter sich und reichte mir eine Packung Reis: „Schnügrüffelprm."

„Was? Wie bitte?", fragte ich ihn.

Und er setzte nochmals an: „Nehmen Sie doch vorerst das hier. Sollte auch gehen. Haben die frischen Eltern hier liegen lassen. Sonst hätten ihnen noch drei Cent für das Kind gefehlt."

Vorm Discounter blieb ich stehen und zog frische Abendluft tief in meine Nüstern. Machte eine Dose auf und nahm einen kräftigen Schluck. Dann starrte ich auf die Packung Reis in meiner Hand.

Wie das wohl unser Kater aufnehmen wird?

Ich hasse es, Sonntags einkaufen zu gehen.

Schlüsselerlebnis
(Ein Kurzdrama in zwei Akten)

1. Akt

In einem Schlüsselservice-Geschäft im gutbürgerlichen Charlottenburger Westend.

"Guten Tag, ich hätte gerne von diesem Schlüssel eine Kopie. Einmal nachgemacht bitte!"

Der Meister im grünen Kittel begutachtet das Original und die darauf befindliche Nummer. Blättert dann in einem unglaublich dicken Katalog.
Räuspert sich. "Da bräuchte ich schon die Sicherungskarte. Und einschicken müsste ich das dann auch! Mit schriftlichem Einverständnis der Hausverwaltung."

"Sicherungskarte? Hab ich nicht. Das ist der Originalschlüssel. Der einzige. Krieg ich das bei der Hausverwaltung, oder was?! Und zwei Wochen ist ja auch zu lange, ich bräuchte es jetzt gleich!"

Ohne Schlüsselduplikat muss der Rückzug angetreten werden

2. Akt

In einem Schlüssel- und Schuhabsatz-Servicepoint in einem Weddinger Kaufhaus.

"Guten Tag, ich hätte gerne von diesem Schlüssel eine Kopie. Einmal nachgemacht bitte!"

Der Meister im grauen Kittel begutachtet das Original und die darauf befindliche Nummer.
"Darf ick eijentlich nich. Brauch ick Einverständnis vonner Hausverwaltung, weesste. Sicherungskarte unnso. Aber wart' mal!"

Kaum gesagt in einen Schraubstock eingespannt - mit einem Glitzern in den Augen - der sportliche Ehrgeiz ist beim Meister geweckt - und eine Viertelstunde später geh ich mit einem Duplikat meines Schlüssel-originals nach Hause.

Das ist Wedding!

Frühjahr 2014 – oder: Der Himmel über'm Wedding

Das Jahr 2014 hatte eigentlich ganz gemütlich angefangen. Es gab in meinem Umfeld keine nennenswerten und großen Aufreger.

Bis auf eine recht kurze Schneephase, blieb auch der Winter in Berlin ruhig. Man hat ihn fast gar nicht bemerkt.

Wahrscheinlich deshalb endete eine Email von einem meiner beiden Lieblingsverleger dann entsprechend mit der Grußformel „Herzliche Grüße und eine schöne Adventszeit!".

Er hat diese – die Adventszeit – einfach verpasst! Verschlafen wäre auch eine gute Umschreibung. Winterschlaf.

Oder er war immer noch jahreszeitlich jetlagged, seitdem er sich im Hochsommer bei über 40 Grad Celsius im Schatten mit der Zusammenstellung von Texten für eine Weihnachtsanthologie beschäftigen musste. Und ja, jetzt im aufkommenden Frühjahr sollte man sich so langsam schon mal Gedanken machen, wie man seine Liebsten zum Weihnachtsfeste erfreuen mag. Die Zusammenstellung von Ideen und Wunschlisten war von Nöten. Die Zeit verging ja heutzutage sehr viel schneller. Alles war rasant. Die Informationen überschwemmten uns. Die Entwicklung von technischen Neuerungen stürmten auf uns moderne Menschen ein.

Hatte man gerade ein Gerät, sagen wir mal ein mobiles Telefon, käuflich erstanden, war es beim Verlassen des Geschäftes bereits obsolet und out-of-Time. Eine neue Version schwemmte den Markt. Und man musste sie besitzen, um trendy oder hip zu sein.

Man kam als durchschnittlicher Bürger und Konsument diesem immer hektischeren Kreislauf des Lebens nicht mehr so ganz hinterher. Nicht wirklich. Und das war nicht nur eine Erscheinung, welche nur mich allein betraf, weil ich inzwischen älter wurde. Es war eine Tatsache, von der auch Wissenschaftler und Mediziner inzwischen Kenntnis hatten, und von gewissen Stresssymptomen und Zivilisationskrankheiten faselten.

Zum Ausgleich wollte man so manche Bequemlichkeit, die einem der Fortschritt gebracht hatte, auch nicht wieder her- und aufgeben.

Wer, wie ich, in einer Dachgeschoßwohnung in einem Berliner Altbau ohne Fahrstuhl wohnte, kann das mit Sicherheit nachvollziehen.

Man ging nicht mehr so schnell raus – in den Regen - und in den Shop um die Ecke, wenn etwas fehlte. Blick in den Kühlschrank: verdammt, war keine Soße mehr da. Dann gab's halt Nudeln ohne Soße. Bloß nicht mehr runter gehen. Das war viel zu anstrengend. Dann doch lieber im Internet irgendeinen Lieferdienst angeklickt und sich was liefern lassen. Das war so schön einfach! Und bequem! Und funktionierte mit den neuartigen Wisch-und-Weg-Clever-und-Smart-phones auch unterwegs. Man saß beispielsweise im Meeting, hörte gelangweilt dem Referenten zu, und bestellte sich dann aus Langeweile und aufkommenden Hungergefühl per Wisch und Klick eine Pizza. Doppelte Größe. Mit Extra-Käse im Rand und zusätzlich Zwiebeln. Hmm, lecker.

Oder noch besser: man saß im In-Restaurant. Dem Teuren! Denn genau da wollte Deine Verabredung hin. Die Bewertungen im Internet und die Kommentare waren alle durchweg sehr positiv und begeistert. Hätte sie gelesen und für Euch Zwei entschieden: „Da müssen wir hin!". Und dann wartetest Du zwischen den einzelnen Gängen gefühlte Stunden, Dein Magen hing auf Flokati-Höhe und sagte den Wollmäusen in diesem Sechs-Sterne-Etablissement „Guten Tag". Irgendwann erlahmte das Gespräch, und jeder für sich fing an, sich mit seinem mobilen Telefon zu beschäftigen. Beispielsweise, so wie Du, um sich per App seinen Lieblings-Burger direkt in dieses Lokal zu bestellen. An den Tisch.
Das daraufhin folgende Hausverbot nahmst du mit einem Schulterzucken an.

Seit ich in der besagten Dachgeschoßwohnung residiere, machte ich das nun auch immer öfter. Ich bestellte mir, was mir zusagte, zu mir nach Hause. In die fünfte Etage. Altbau! Ohne Fahrstuhl!
Die Pizzalieferanten wechselten in der Vergangenheit ständig. Ich konnte mir gut vorstellen, wie sie in der Filiale im Kreis umeinander standen, und Streichhölzer zogen. Wer verlor, musste in die Weddinger Malplaquetstraße. Zu diesem kauzigen Autor im Dachgeschoß.
Den Neuen erzählte man, dass einige ihrer Vorgänger von dieser Tour nie zurückgekommen seien. Andere hätten seit Ihrer Tour nie wieder gesprochen. Und sprach man sie daraufhin an, schüttelten sie nur den Kopf und Tränen füllten Ihre Augen. Den meisten versagten die Atmung und die Stimme bereits zwischen dritter und vierter Etage. Oft konnte

ich diesem Phänomen beiwohnen, wenn ich an der halb geöffneten Wohnungstür stand und auf meine Lieferung wartete. Sobald sie dann die Fünfte erreichten, zeigten sie dann nur noch kraftlos auf den Zettel, welcher Lieferschein und Rechnung zugleich darstellte. Sie nahmen dann wortlos das Geld an sich, drehten sich ab und machten sich mit einer gewissen Resignation auf den Rückweg und Abstieg. Die nächste Lieferung würde dann wieder ein anderer übernehmen.

Aber nicht Nahrungsmittel, auch geistiges Gut, wie Bücher, bestellte ich immer wieder gerne im Internet. Nur ein Hermes-Bote hielt sich einmal für sehr pfiffig. Er gab das Paket gleich im ersten Stock ab. Nachdem er bei mir geklingelt hatte. Und während ich oben an halb geöffneter Tür wartete.

Schwächling! Spielverderber!

So manch Wunschliste zu Weihnachten oder Jahreswie Geburtstagen, wurde so abgearbeitet. Das Jahr ging schnell voran. Jetzt im Frühjahr musste man sich so langsam ranhalten. Sonst wurde es vor dem nächsten Feste doch ein wenig knapp. Vielleicht hatte mein Verleger ja doch nicht so unrecht, als er mir eine schöne Adventszeit wünschte. Ende Februar! Weihnachten war ja bald.

Ein Internetlogistiker war einen kleinen Schritt weitergegangen und wusste nun angeblich schon im Voraus, was der Kunde, Du und Ich, bestellen würden. Das würde er sich aus den Suchergebnissen und Referenzen auf seiner Verkaufsplattform im Internet errechnen, und dann – das war der eigentliche Clou an der Meldung vom Winter 2013/2014 – mit einer unbemannten Transportdrohne das Produkt schon in die Nähe liefern, bevor es bestellt würde.

Ich war seitdem am Zweifeln, das sich dieses Geschäftsmodell so in dieser Form durchsetzen könne. Zumal im Wedding zu Berlin.

So gab ich meine letzte Bestellung wie immer ganz normal im Internet auf, nachdem ich erst ein wenig recherchiert habe.

Die Freude meinerseits war wirklich riesig, als zwei Jungs, richtige Tiere, so groß wie breit, mit Armen so dick wie meine Oberschenkel, ohne Atem und Stimme die Kiste bei mir in der fünften Etage ablieferten. Ich hatte nicht ehrlich daran geglaubt, dass es funktionieren würde, doch es geklappt. Als ich in den Nachrichten gesehen habe, wie dort mit Flex und Schneidbrenner Jeeps und Panzerwagen auseinandergenommen wurden, hatte ich die Idee, anzufragen und zu bestellen. Und nun stand es hier in der fünften Etage. Absender: BW-Kontingent, Kunduz, Afghanistan.

Ich saß also vor dem Monitor und grübelte noch über die Schlussformel des Verlegers, als eine Email meiner Lebensgefährtin aufpoppte: „Weihnachtswunschliste – Stand Februar".

„Das schaffst Du schon! Und viel Spaß!", hatte sie unter die Auflistung diverser Dinge gesetzt. Ich lächelte, stand auf und öffnete die Tür zu unserer Dachterrasse. Dort stand meine letzte Bestellung: eine kleine FLAK. Ein MG aus Bundeswehrbeständen, mit welchem ich diese komischen amazon-Drohnen vom Weddinger Himmel holen konnte.

Mal sehen, welches Buch, oder welche DVD ich uns diesmal schießen würde?!

Die Zeit rannte. Demnächst hatten auch andere hier die Idee. Und ein Geschütz.
Es weihnachtete bald!

Den Moment, wenn Dir bewusst wird, dass Du Dir die letzte Kartenaktualisierung auf dem Navi hättest sparen können...

Nie wieder

"Das macht er nie wieder!", höre ich noch Großvater sagen. Es sind nur wenige Erinnerungen an ihn geblieben. Stark verblichen und schwammig, mit einem farblichen Stich ins Ocker-braun-gelborange. Eine Farbe, die ich auch heute noch mit den Siebziger Jahren verbinde. Und wenn mir heutzutage ein junges Mädchen mit einem T-Shirt gemustert in braunen und orangen Kreisen und Kullerchen entgegenkommt, denke ich sofort an die Tapete, die wir damals in der heimatlichen Diele hängen hatten.

Man wurde schon gleich an der Wohnungstür erdrückt. Bildlich gesprochen. Und ans Drücken erinnert diese verquirlte Farbmusterung auch. Nämlich an das, was man auf der Sanitärkeramik nach einem durchzechten und verfressenen Abend beim Griechen oder Grillabend mit Nudelsalat herausdrückt.

Es ist erstaunlich, dass einem zumeist nur die negativen Eindrücke und Erlebnisse im Gedächtnis haften.

Erinnert sich denn heute noch jemand, an welchem Wochentage Charles und Diana geheiratet haben? In welchem Jahr unser Lieblingseis Brauner Bär, das mit dem Karamellkern, wieder aufgelegt wurde? Nein, aber wir alle können uns noch recht gut an den Einsturz des World Trade Center erinnern. Oder an den Tag, als unsere Aktie wertlos wurde und wir alles dem Insolvenzverwalter in einem kleinen handlichen Pappkarton in die Hand drückten.

"Das macht er nie wieder!", sagte Großvater laut und überzeugt. Mir schmerzten die Hände und die Erinnerung an damals in meinen Hirnwindungen, wo sich das Erlebte bis auf Ewigkeiten eingebrannt hat. Großvater rauchte gerne Zigarillos, Zigarren, nicht irgendwelche, sondern Fehlfarben oder gar die ganz teuren.

Wenn der qualmende und stinkende Stummel nicht gerade zwischen seiner Unter- und Oberlippe klemmte, legte er diesen auf dem Ascher ab. Ja, 'auf'! Denn er besaß einen von diesen Standaschenbechern mit beweglicher Scheibe, welche sich mit Druck auf dem oben befindlichen Knopf, wie ein Brummkreisel in eine Rotation bringen ließ und dabei jeden Asche- und Stummelrest in sein Inneres beförderte. Das mit dem Brummkreisel gefiel Klein-Holger recht gut. Solange jedenfalls, bis er dabei ertappt wurde, wie wieder mal ein wertvoller, noch nicht ganz verrauchter und verbrauchter Rest eines kubanischen Tabaktorpedos in die ewigen Jagdgründe verpuffte. "Das macht er nie wieder!", und die gerollte Zeitung wurde wieder zwischen Polster und Sessellehne geklemmt, wie ich aus tränenverschmierten Augen wahrnehmen konnte. Solche Erfahrungen prägen. Besonders, wenn man erst etwa zweieinhalb bis drei Jahre auf dieser rohen und grausamen Welt zugebracht hat.

Es sind solche Gedanken, mit denen man sich die Hirnwindungen martert, wenn man mit sich für einen Moment allein ist. Ein langer Moment, ein qualvoll langer Moment. Ein Moment des einsamen Kämpfers. Ich verschnaufe und hole tief Luft. Am hölzernen Treppengeländer festhaltend, wische ich mir mit dem Hemdsärmel der freien Hand den dicken Schweißfilm von meiner Stirn. Bäche voller Wasser mit Salz drohen mir die Sicht zu trüben. Die Augenbrauen, die sie aufhalten sollen, sind längst durchnässt und schwenken die weiße Fahne der Kapitulation.

Doch ich muss weiterkämpfen. Gegen mich, gegen meine nachlassende und immer schwächer werdende

Kondition. Ich habe eine Aufgabe zu erfüllen. Ein Ziel.

Und dieses Ziel liegt in der fünften Etage direkt unter dem Dach.

Horst Evers, seines Zeichens bekannter Lesebühnen-Literat, hat einmal folgendes postuliert: "Schwitzen ist, wenn Muskeln weinen!"

Recht hat er. Meine Muskeln sind purer Verzweiflung erlegen. Denn noch ist der Umzug nicht beendet. Bisher sind nur kleine Teile meiner Platten- und Büchersammlung in das neue Heim geschafft worden. Also nicht nur Bücher. So ein paar. Sondern Bücher: nämlich viele! Und die Schallplatten erst!

"Das macht er nie wieder!",sagt mein inneres ich, welches in der dritten Person über mich spricht. Ich sehe mich dabei vor meinem inneren Auge auf einem Flohmarkt, vielleicht der am Arkonaplatz, oder gar der auf dem Boxi, wühlend in einer Kiste mit vinylen Ausgaben meiner favorisierten Musik. Ich ziehe eine Scheibe hinaus, verharre kurz, und schiebe dieses Tonträgerjuwel wieder zurück zu den anderen seiner Art. Nein, ich werde wohl so schnell keine Platten mehr kaufen. Schon in Panik vor einem nächsten Wohnungswechsel. Stück für Stück heimgetragen, machen sie ja fast nichts aus. Doch angenommen, an jedem Wochenende bringt man fünf dieser Plastikscheiben mit in Rille gepresster Tonkonservierung in die eigenen vier Wände, sind das in 52 Wochen bereits 260 Stück. Der durchschnittliche Berliner zieht statistisch gesehen etwa alle drei bis vier Jahre um. Heißt also, bei jedem Umzug hat sich die Plattensammlung um etwa 780 bis über 1000 Stück vergrößert. Ein Wahnsinn!

"Das macht er nie wieder!", denkt sich der statistische Durchschnittsberliner hier, und meint damit, dass er dann einfach nicht mehr umziehen wird.

"Das macht er nie wieder!", sagt die Freundin, und bezieht das darauf, dass ich dann wohl nicht mehr, also nicht mehr in diesem Leben, einen Umzug alleine machen werde. Stattdessen, nimmt man einen Kredit auf, und beauftragt professionelle Umzugshelfer, die sich für einen abbuckeln können.

"Ein Freund, ein guter Freund, das ist das Schönste, was es gibt auf der Welt…!"

Zwischenzeitlich bin ich mit meiner Plattenkiste in der dritten Etage angekommen, und pausiere nochmals. Auch hier wohnt gewissermaßen ein Musikfreund. Anfangs haben wir es nicht für voll genommen, da wir bei uns oben unterm Dach nichts mitbekommen von unseren neuen Nachbarn. Ganz im Gegensatz zu meiner alten Behausung, wo die Wände dünn wie Pergamentpapier waren. Wo ich Gesundheit gesagt habe, bevor mein dortiger Nachbar überhaupt genossen hatte. Ich habe es halt mitbekommen, wenn er "ha, ha, haa…" schon Luft holte. Dabei zog er immer die Nase ein wenig kraus. Konnte man sehen, so dünn waren da die Wände.

Zu manchen Tageszeiten beschallt unser neuer Nachbar die halbe Straße mit den Hits der Dreißiger, der Vierziger und dem Besten von Gestern. Bei offener Terrassentür schwärmt uns dann schon mal die Zarah von ihrem Waldemar vor. Dem mit den schwarzen Haaren. Oder die Comdian Harmonists piek-piek-piek-en sich an ihrem Kaktus.

Drifte mit meinen Gedanken ab, und überlege, ob ich ihm nicht mal einen Austausch von Tonträgern vorschlage. So von Musikfreund zu Musikfreund. AC/DC gegen Willy Fritsch und die Harvey, Jethro Tull gegen Rühmann und Albers. Da hätte dann auch die übrige Nachbarschaft, um nicht zu sagen, die ganze Weddinger Malplaquetstraße was von.

"An der Kaserne vor dem großen Tor, steht eine Laterne…"

Durchhaltemusik!

Lale steht praktisch neben mir im Treppenhaus, um meinen Durchhaltewillen in diesem Kampf gegen die Stufen und meine nachlassende Kondition, mit diesem Gesäusel in meine Gehörgänge zu stärken.

Irgendwie schaffe ich es dann auch mit letzten Kraftanstrengungen samt Plattenkiste bis in die Fünfte. Lasse die Kiste nach Übertreten der Türschwelle auf den Boden knallen und breche umgehend zusammen.

Nach einiger Zeit wache ich auf und schaue dem Tod in die leeren Augenhöhlen. Das Gerippe steht offensichtlich schnaufend im Türrahmen. Zumindest schaut es so aus. Die Sense hängt in seiner knochigen Hand und zieht sie schwer nach unten.

Nun will er mir wohl an meinen schweißnassen Kragen.

Aus einem Augenwinkel sehe ich etwas Schwarzes die Luft teilen und höre es Zischen. Gevatter Tod ist viel zu baff, als ihn die schwere 78er Schellack trifft und seinen knochigen Körper in Folge des Aufeinandertreffens auseinander fallen lässt. Die knochigen Splitter zerfallen anschließend in kleinste Staub- und Ascheteilchen.

"Das ist für Marlene! Und all die anderen, die Du mir genommen hast, Du Scheißkerl!" Erkenne im Treppenhaus nun meinen Nachbarn, der ein wenig ausschaut wie mein seliger Großvater. Er zwinkert mir zu und sagt mit Blick auf die Überreste des Sensenmannes: "Das macht er nie wieder!"

Blutsauger

Das Labor in einem Universitätsklinikum muss für einen Vampir, der unter Sterblichen wandert, ein ähnlich abstruser Arbeitsplatz sein, wie beispielsweise für einen trockenen (Ex-)Alkoholiker der Platz hinter dem Tresen einer Kneipe.

Komische Gedankengänge hab ich grad. Offensichtlich scheint mein Gehirn bei zunehmender Blutarmut seine eigenen Wege zu nehmen. In dem Nierenschälchen aus wiederverwertbarer Pappe liegen bereits unzählige Röhrchen und Röhren mit meinem frisch abgezapften Lebenssaft. In einigen Röhrchen prickelt es ein wenig, weil irgendein dubioses Granulat sich gerade in der roten Flüssigkeit auflöst. Es hört sich an, als würde Cola aus einer just geöffneten Flasche in ein Glas gegossen. Vielleicht machen die das im Labor auch? Ziehen den Pfropfen aus dem Röhrchen mit meinem Namensetikett, setzen es an… und kippen sich die Blutlimo hinter ihren Binder.

Irgendwo muss doch auch das ganze Blut bleiben, welches sie hier mir und all den anderen Patienten so über die Woche verteilt abnehmen. Die Wände streichen sie damit nicht! Das ist soweit schon mal klar. Ich hab noch nie in einem Krankenhaus oder bei einem Arzt in dessen Praxisräumen rote bis schwarzbraune Wände gesehen. Das wird viel zu dunkel nach einer gewissen Zeit. Von wegen Gerinnungsfaktor und so. Ich stell mir unser Badezimmer daheim in Schwarzrotbraun vor. Nee, das geht nicht!

Oder die haben hier einen Nachmittags-Kunstkurs „Malen mit alternativer Farbgebung". So als Beschäftigungstherapie für all die blutarmen Langzeitpatienten, die hier nicht mehr raus können. Hier wird nicht mehr gesprüht, hier wird gespritzt! Was macht Pete Doherty eigentlich gerade?

Es klappert: ein weiteres Röhrchen gesellt sich zu den anderen in der Schale. Die arzthelfende Schwester lächelt, als ob sie mir sagen wolle, dass alles gut werden würde, und setzt den nächsten zu füllenden Hohlkörper auf die Nadel an den an meinem linken Arm befindlichen Zugang. Meine private Zapfstelle. Zum Blutzapfen.
Ich fühl mich schwächer. Ich will hier weg! Ich wünsch mich zurück in die Kneipe! Und an den Tresen mit dem trockenen (Ex-)Alkoholiker…

Vergessen

"Noh'ein'n!"
Meine Zunge ist merklich schwerfällig und klebt am
Gaumen, wie eine alte durchgekaute Socke. Nicht,
dass ich auf so einen Fetisch stehen würde. Manche
macht es ja richtig an, an alten getragenen und unge-
waschen Textilien zu schnüffeln, zu lecken oder gar
drauf rum zu kauen. Jedem sein eigenes Plaisier denk
ich mir. Und lebe damit eigentlich recht gut. Toleranz
ist eine Stärke. Bisher hatte ich auch nichts gegen
diesen vorweihnachtlichen Rummel, der Anfang De-
zember all überall herrscht. Adventszeit. Musste meine Meinung aber ein klein wenig revidieren.

"Noh' ein 'n, büdde!"
Ich übe Toleranz und werde im Gegenzug ignoriert.

"Hey, Kalle, die Dame da will noch 'n kurzen Magen-
saft! Sieht ja ziemlich derangiert aus. Braucht'n wohl!
Kannste uff meinen Deckel packen!."
Am Tisch in der Ecke wird gelacht. Ist ja auch tuffig,
dieses rot von meiner Joppe. Ich kann es ihnen nicht
verdenken.

"Noch 'n Eisenflechter zum Vergessen?"
Karl, alias Kalle und Gastwirt, weiß, was ich brauche.
Eisenflechter! Das härteste alkoholische Mixgetränk
unter diesem Himmel, und in allen Kneipen dieser
Welt. Eine Zweikomponenten-Mischung aus Jäger-
meister und Korn. Eisenflechter macht keinen Kopf.
Zumindest kann man sich daran dann nicht mehr erin-

nern. Denn dieses Gesöff hat die formidable Eigen-
schaft, die Partien des Gedächtnisses, die für Erinnerung zuständig sind, von denjenigen Partien, die quasi
den Arbeitsspeicher darstellen, komplett zu trennen.
Heißt: man agiert und funktioniert irgendwie, aber es
gibt keine Protokolldateien auf der körperinternen
Festplatte.
Und Vergessen will ich.
"Also noch eenen, iss klar!", brummt Kalle und stellt
mir noch ein geeistes Glas vor die Nase.
"Hastet schwer, wa ?!"
Ein Gastwirt mit Menschenkenntnis. Hat's ausgesprochen, wartet gar nicht erst eine Antwort von mir ab
und dreht sich wieder zu dem Mini-Fernseher hinterm
Tresen. Kein Ton. Hauptsache es flackert!
"'ndannke…", bring ich noch irgendwie zwischen der
Socke hervor.

Vergessen! Ja, vergessen möchte ich diesen Abend.
Diesen Abend, der mich zu einem menschlichen, zu
einem physischen und psychischen Wrack gemacht
hat. Zupple am roten Mantel und kann mich dann
irgendwie von ihm befreien. Lehne jetzt nur noch mit
Jeans, Karo-Hemd und roter Mütze bekleidet an meinem Thekenschemel und stiere so vor mich hin. In
eine nicht auszumachende Unendlichkeit da irgendwo
hinter Theke und Wand, und noch viel weiter dahinter….Der Filz-Bart hängt seitlich neben meinem Gesicht am linken Ohr.
Wie so oft fangen solche Sachen ja immer ganz harmlos an. Meistens klingen sie erst auch nach jeder Menge Spaß. Ein guter Freund von mir ist Student der
Sozialwissenschaften. Er ist 38 und hat seinerzeit
zusammen mit mir am Abi gebaut. Jetzt aktuell baut

er gerade an seinem Durchbruch - nicht als Diplom-Soziologe - eher Blinddarm. Schon seit Jahren hat er sich es zur Tradition gemacht, sich alljährlich als Weihnachtsmann verdingen und vereiden zu lassen. Auch dieses Jahr.

Ich höre noch seine Stimme in meinem Mobiltelefon, schmerzverzerrt, noch während er von zwei Sanitätern in den Rettungswagen der Berliner Feuerwehr gehievt wird. Sozusagen noch vom Sterbebett.

"Hrrrgg. Die Kinder...Uff!...die Augen....üürrgh.....nicht enttäuschen....oohaau-auauau...."

Ich konnte gar nicht absagen. Ich. Die Weihnachtsmannvertretung. Gibt es das überhaupt? Hat der Weihnachtsmann einen Stellvertreter? Gab es da nicht einen anderen Weihnachtsstudenten, der die Tour von meinem Freund übernehmen könnne?

"uuuuuwaaaa-uuuuhhDu schaffst das schon!"

"Noch eenen von dem Tisch!", Kalle stellt mir mit einem Nicken noch so ein Gläschen hin. Dreh mich leicht zum Stammtisch. Drei Arme heben sich, die gleichen Gläser in den Fingern, man prostet mir zu.

Der erste Termin auf meiner Route war nicht so schlimm. Kleine Familie in Wilmersdorf. Süßes Mädchen, ganz schüchtern. Ich sah wohl imposant aus in meinem Aufzug. Und mit den um den Bauch gebundenen Kissen unter dem Mantel auch gewichtig. Die Äuglein glänzten beim Geschenk.

Der Vater drängte mich, einen Cognac zu trinken.

Dann Charlottenburger Westend. Die Adresse war

nahezu eine Villa. Man bestand darauf, dass der Weihnachtsmann bei der Hausmusik beiwohnt. Muttern spielte Cembalo oder Spinett, jedenfalls so ein klapprig altes Klavier, ich kenne mich da ja nicht aus. Die Kinder, beide bestimmt schon an die 18 („…aber die Tradition, wir machen das doch jedes Jahr so…"), spielten Cello, Vattern sang.

Ich habe nicht alles mitbekommen, da ich eingenickt bin. Da war nach dem Cognac und dem Glühwein unterwegs auch die Wärme ein wenig schuld. Das Hausmädchen tippte mich dann an. Auf einem kleinen Silbertablett statt ein Schwenker mit Branntwein. "Vom Herrn, Sie sollen sich nichts draus machen. Die Kinder glauben ja eh nicht mehr an Sie, aber der Frau Gemahlin wegen halt….naja…"

Dann Prenzlberg. Ich mit dem Fahrrad durch den Berliner Adventsverkehr vom Westend nach Prenzlauer Berg. Mir war warm und ich schwitzte wie Sau. Die Kissenpolster um meinen Bauch sogen sich mit dem Schweiß voll und wurden schwerer. Ich entsorgte diese im Tiergarten und radelte erleichtert weiter.

Nächste Station Kollwitzstraße. "Desch könnense aber ma nischt anbehalte." Ein Männchen mit Nickelbrille und Geheimratsecken stand in der geöffneten Tür und schüttelte mit dem Kopf. "Desch iss nischt der Bio-Weihnachtsmann, den mir beschtellt habe. Mmmhh. Moment, viellaischt könnense desch hier überziehe" Er reichte mir eine Gartenschürze aus einem Latex-Gummi-ähnlichen Material zum Darüberziehen. Ich sah nun aus, wie ein überdimensionierter Gartenzwerg mit Geschenke-Sack.

Nach der Bio-Bescherung gab es dann einen Selbstgebrannten Obstler. "Nur aus biologisch einwandfreien Früchten, nisch wa?!"

"Mann mann, Du musst ja wirklich nen heftigen Abend jehabt ham! Jeht uff'd Haus!" Kalle oder Karl stellt mir noch einen Eisenflechter hin.

Einige Bescherungen später schwenkte ich schwankend radelnd in die Sprengelstraße im Wedding ein. Typische Mietskaserne, Seitenflügel. Hätte auch ganz schön werden können. Berliner Familie. Die Erwachsenen hatten beide eine Schultheiss-Flasche in der einen und eine Zigarette in der anderen Hand. Der Junge war frühreif mit Baggies und Schirmmütze und nuckelte an seinem Red-Bull-Vodka.
"Siehst ja schon ziemlich mitgenommen aus, ich bau Dir mal einen, dass de wieder hochkommst!" Der Joint kreiste, ich hörte Englein singen, eine Begleitband spielte mit Elektroharfen.
Mir wurde warm.
Mir wurde sehr warm.
"Hey, Deine Hose brennt!". Irgendwie ist beim Kiffen wohl Glut auf meine rote Weihnachtsmann-Hose gekommen und hat diese in Flammen gesetzt.
Ich stürzte hoch und in Richtung Bad oder Küche, jedenfalls wohin es irgendwas zum Löschen gab. Wasser wäre vorteilhaft. Dabei habe ich wohl den Weihnachtsbaum mit umgerissen, so dass dieser dann auch Feuer fing.
Bei dem Versuch den glimmenden Tannenbaum in der Toilettenkeramik zu versenken und zu löschen hat sich das Lametta wohl am Hebel des Spülkastens verfangen, und spülte und spülte und spülte eine Sintflut, die durch den Baum gehindert über den Rand der

Schüssel sprudelnd, nachhaltig die Wohnung flutete. Auch die Mieter in der darunterliegenden Etage hatten Freude zum Fest.

Die Erinnerung an Polizei und Feuerwehr verblasst schon. Peinlich genug war es ja.
Hoffe nur, die Versicherung von meinem Freund, der ja eigentlich der eigentliche Weihnachtsmann ist, macht keine Scherereien.

"Prost!", der Stammtisch prostet mir erneut mit geeisten Gläsern zu, "Komm rüber, wir verstehen Dir!"
Und ich erkenne. Sie tragen die gleichen Stiefel. Über Stuhllehnen und unterm Tisch liegen Bärte, Mützen, Säcke. Einer von den dreien hat einen grünen Mantel an.
Auch sie wollen vergessen. Diesen Abend vergessen.
Bis zum nächsten Jahr, wenn es wieder heißt: Ho Ho Ho! Fröhliche Weihnachten!

Unvermeidlich

Das Glück soll man nicht zweimal herausfordern. Kopf oder Zahl. Fifty-fifty! Einmal oben, einmal unten. Mal Hopp, mal Flop. Beim Roulette funktioniert es auch nur recht selten, mit der gleichen Zahl mehrmals zu gewinnen. Wer beim Weddinger Slalomlauf einem Hundehaufen erfolgreich ausweichen kann, wird den nächsten mit Sicherheit treffen. Das ist alles klar, wie die Sonnenbrühe und der Kloßschein. Schon Murphy hat postuliert, dass das, was schief gehen kann, auch mit höchster Wahrscheinlichkeit mal schief gehen wird. Wem ist es noch nicht passiert? Im Discounter an der kürzeren Warteschlange vor der Kasse angestellt, prompt gibt es dort einen Storno: "Frau Müller, den Schlüssel für die Kasse!" Oder die Papierrolle für den Bon-Drucker ist am Ende. Letztendlich steht man sich dann die Füße in den leeren Bauch und ärgert sich gram, dass man immer wieder darauf reinfällt. Doch man kann das nicht ändern. Man kann dem nicht ausweichen.
Man kann sich nicht ducken. Nicht so einfach wegducken, wie ein Ex-Präsident einem heranfliegenden Herrenschuh. Wobei ich mir da auch nicht so sicher bin. Es sah zu gekonnt aus. Dieser Reflex, den der alte George da hatte. Wahrscheinlich kannte er das schon von zu Hause. Nur wird Laura wohl keine Herrenschuhe geworfen haben.
Man kann dem Schicksal nicht ausweichen. Es wird passieren. Überall, zu jeder Zeit. Nicht nur Dir, oder Dir, oder auch Dir oder mir, jeden kann und wird es erwischen. Unvermeidlich!

Karriereleiter in einem Rügener Büchercafé.

Mittwoch geht gar nicht

Es kracht, es rumpelt, es donnert. Es ist, als würde ein Hochhaus zusammenstürzen, eine Atombombe abgeworfen, oder die lauteste Band des Universums den Nürburgring beschallen und nebenbei in Schutt und Asche legen.

Ich sitze am Tisch und schrecke leicht von meiner Lektüre auf. Schließlich habe ich Urlaub. Da gönne ich mir das einfach Mal. Ich lese ein Buch und lasse es mir gut gehen. Doch der plötzliche Krach stört die Idylle und so schiele ich nun durch die offene Tür des Zimmers rüber zu der schmalen Stiege, man könnte es auch als Treppe zum oberen Zimmer bezeichnen, rüber zur der Stiege, wo auf der dritten Stufe von unten gezählt mein Mitreisender Freund Chris sitzt und mir mit breitem Grinsen versichert: "Allet wird jut!"

Er wollte nur nach den beiden Kiddies schauen, die sich den oberen Bereich des Ferienappartments für die Dauer unseres Aufenthalts in Kühlungsborn gesichert haben, und ist dabei sehr viel schneller wieder auf den Boden der Tatsachen zurückgekommen, als ihm, als uns, letztendlich lieb ist.

Wir, das ist eine Gruppe von fünf Personen, drei Erwachsene und zwei Kinder, die zusammen einen aufregenden, einwöchigen Urlaub zu Ostern in Kühlungsborn verbringen. Zu Ostern, im März, den frühesten Osterwochende aller Zeiten, so scheint es. Doch, der Termin berechnet sich streng nach einer Gauss'schen Formel und kehrt nur etwa alle 50 Jahre wieder. (Das war Anno 2008 das letzte Mal der Fall. – Der Autor)

Es ist kurz vor der Mittagszeit. Chris humpelt zwischen Tisch und Herd hin und her. "Allet wird Jut!"

Das dann doch nicht alles so gut ist, sehen wir dann, als Andi seine Socke lüftet und den angeschwollenen Knöchel freilegt. Dieser ist inzwischen zu einer Größe von einem großen Apfel oder kleinen Melone angeschwollen.

Es wird entschieden, dass sich das auf alle Fälle ein Arzt anschauen soll. Übers Handy wird eine Freundin im fernen Berlin gebeten im Internet nach dem nächstmöglichen Arzt oder Krankenhaus zu forschen. In der Touristenbroschüre finden wir auch was, aber was ganz anderes als die Internetrecherche aus der verdammt weit entfernten Zivilisation.

Es ist Mittwoch: ein regulärer Allgemeinmediziner wird da wohl in dieser "Stadt" Kühlungsborn nicht aufhaben.

Zwischenzeitlich ist das Großcousinchen und Mitreisende vom Shopping zurück, und wir entscheiden erstmal zu Essen, und dann den Verletzten in die nächstmögliche Notaufnahme zu fahren.

Und zwar mit dem Auto, welches in der Tiefgarage steht. Mein Auto zu holen, würde zu lange dauern. Steht es doch schon nahezu ausserhalb Kühlungsborns. Es gibt nur einen Stellplatz pro Ferienwohnung. Auch für jene Wohnungen für bis zu Acht Personen. Das macht Sinn. Kommen doch diese acht Personen garantiert mit nur einem Fahrzeug: einem PKW und nicht einem Kleinbus. Denn nur PKWs passen in die Tiefgarage.

Ganz Kühlungsborn ist eine einzige Parkraumbewirtschaftungszone, so dass ich gezwungen bin, mein Fahrzeug ganz weit weg von unserem Feriendomizil, sozusagen Jott-We-De, sofern man das bei einem Ort, - Entschuldigung, Stadt, - wie Kühlungsborn sagen darf, zu parken.

Mit den Info-Plänen und telefonisch durchgegebenen Informationen der Internetrecherche entscheiden wir uns zunächst für die Ostseeklinik.

Ostseeklinik hört sich an wie die mecklenburgische Ausgabe der Schwarzwaldklinik und vorm geistigen Auge, sieht man das Auto die Auffahrt direkt vor die Erste Hilfe der Klinik raufrutschen und sogleich stürzen sich Professor Klaus-Jürgen Wussow, Schwester Gaby Dohm und Dr. Sascha "Udo" Hehn auf den Hinkefußpatienten. Ein wuscheliger Hund rennt aufgeregt, schwanzwedelnd um den PKW, und gibt ein Kläffer nach dem anderen von sich.

Hier werden Sie geholfen.

Doch die Realität sieht anders aus.

Die Ostseeklinik ist nämlich keine Klinik. Sie ist nur ein Kur- und Reha-Zentrum. Und Mittwochs ist auch kein Arzt da. Also Mittwoch ist da ungünstig.

Man wird weiterverwiesen an die örtliche Apotheke bzw. das nächste richtige Krankenhaus in Bad Doberan, dem nächsten größeren Ort (oder auch Stadt) in Richtung Rostock.

Im Krankenhaus angekommen, heißt es noch nicht gleich, dass man auch rankommt. Dort ist am Mittwoch "Ausbildungstag", und Schülerinnen und Schüler bevölkern das Haus. Ein Arzt ist nicht gleich zu sehen. Naja, ist ja auch Mittwoch, und da geht da gar nichts.

Chrissies Fuss wird geröntgt, ein gesplitterter Knöchelknochen diagnostiziert. Mit einem Lächeln und dem guten Rat, sich in der nächsten Apotheke selbst Gehstützen zu besorgen, so ganz ohne Krankschreibung, Attest und Rezept ("Das können sie sich in Berlin bei ihrem Hausarzt besorgen!") wird der Patient entlassen.

In der Apotheke ist dann auch der erste Kommentar der Apothekerin: "Naja, die Treppe runterstürzen, also, Mittwoch geht das gar nicht!".

Je öfter man den Spruch hört, destomehr gewöhnt man sich dran und kann nur noch müde abwinken: "Ja, ja, ist klar: Mittwoch ….."

Die Nacht ist schwierig und nicht schmerzfrei. Am darauf folgenden Tag geht es zu einer örtlichen Praxis einer Allgemeinmedizinerin. Und selbstverständlich auch hier: "Also Mittwoch die Treppe,,,, das geht nun gar nicht….."

Sie untersucht, sie hört vom Erlebten des Vortages, schüttelt den Kopf, verbindet und salbt und gibt eine Krankschreibung bis zum folgenden Montag. "Alles weitere macht dann der Kollege Hausarzt in Berlin!".

Was ist es nun aber, das selbst die Notaufnahme einer Klinik, die Erste Hilfe an einem Mittwoch nicht mal mehr das Nötigste macht? Ist es, weil wir aus Berlin kommen und es immer noch eine gewisse Abneigung gegen die Hauptstädter gibt? Ist es der Sparzwang, bedingt durch die Gesundheitsgesetzgebung und der angespannten Lage der Krankenkassen, dass gesetzlich Versicherte nicht mehr, oder nur unzureichend, behandelt werden? Wir wissen es nicht wirklich; können nur Vermutungen anstellen. Ärgern uns über unterlassene Hilfeleistung und den Zuzahlungswahn.

Nachtrag:

In Berlin angekommen und Montag gleich beim Arzt, wird festgestellt, dass nicht nur etwas am Knöchel gesplittert sei, sondern es auch die Sehnen erwischt hat. Bedeutet im Klartext eine Auszeit von mindestens Sechs Wochen und vielleicht sogar den Verlust des neuen Jobs.

Also, wenn Ihr in Mecklenburg-Vorpommern ein Zeichen setzen wollt, Euch ins Knie schießt, Euch mit Essig-Reiniger den Magen verderbt, Euch mit einer brennbaren Flüssigkeit übergießt um Euch anschließend anzuzünden, oder einfach beschließt mit Herzinfarkt zusammenzubrechen. Dann merkt Euch: Mittwoch geht gar nicht!

Die Ruhe selbst

"Verdammtes Arschloch! Fahr doch! Grüner wird's nicht Du blinde Nulpe!"

Normaler Weise bin ich die Ruhe selbst. Selbst beim Autofahren habe ich meine Beherrschung voll im Griff. Kaum etwas kann mich reizen, so dass ich aus der Haut fahre. Um bei mir den berühmten Roten Knopf - den Hot-Button - zu finden, und auch zu drücken, bedarf es schon sehr viel.

"Willst Du mich hier auf der Kreuzung ver-hungern lassen? Tritt das Pedal Du Affe!"

Ich stehe mit meinem Fahrzeug schon einige Minuten, Klammer auf, gefühlte halbe Stunde, Klammer zu, hinter diesem Kleinwagen auf der Kreuzung Osloer Straße und Prinzenallee. Wollte von der Prinzenallee in Richtung Müllerstraße und Autobahn abbiegen.
Bin aber noch nicht sehr weit gekommen.
Stehe immer noch hinter diesem Kleinwagen, obwohl schon längst Gegenverkehr und der Grüne-Signallicht-Pfeil für die Abbieger, also uns, vorbeigerauscht sind.

"Soll ick Dir anschieben, Du Schwachmat?!"

Ich hatte es schon langsam hochkommen fühlen und ständig diese Stimme im Hinterkopf: "Gleich kommt der Hot-Button, gleich kommt der Hot-Button, gleich kommt der Pfeil, zwei Spuren sind frei, der erste, der jetzt fährt, kommt sofort rein, zwei Spuren sind frei,,,,

Ich sollte Nachts nicht mehr so lange Fernsehen.

Mein eigener Hot-Button kommt zum Einsatz: ich hupe.

Nicht nur einfach hupen, sondern eher in einem schnellen Stakato und Beat: hup-hup-hup-hup, hup-hup-hup-hup!

Dabei bin ich immer noch sehr beherrscht und gelassen.

"Führerschein aus'm Kaugummiautomaten, oder wat?"

Manchmal ist es echt erschreckend. Schon der kleinste Anlaß kann aus einem zivilisierten und modernen, vernuftsbetonten und intelligenten Menschen innerhalb einer Zehntelsekunde eine blutrünstige und reißende Bestie werden lassen.

Ähnlich wie bei Kampfhunden.

Doch ich bin da irgendwie anders und lasse mich nicht provozieren. Nicht wirklich. Bin ja auch kein Kampfhund.

Der Kleinwagen vor mir ruckt kurz an und bleibt sogleich wieder abrupt stehen. Die Hinterachse scheint sich für einen kleinen Moment vom Asphalt der Straße zu heben und gleich wieder zu senken. Abgewürgt. Aus. Mitten auf der Kreuzung.

"Ick fass 'et nicht! Abjewürgt! Dieser Vollkoffer hat seinen Schuhkarton abgewürgt!?"

Ein besonderes Merkmal meiner Persönlichkeit in solchen Momenten, in denen andere offensichtlich zum sprichwörtlichen Tier werden, ist nicht nur meine Beherrschtheit, sondern und vor allem auch meine aufkeimende Kreativität, die sich dann umgehend in einer metapherreichen Hochsprache nach außen hin kenntlich macht.

"Hey, Du Bremsklotz-Hirni, jib' Deine Pappe ab oder mach 'ne Organspende!"

Während es in Deutschen Landen noch halbwegs gesittet im alltäglichen Straßenverkehrs-Spiel abgeht, wird in anderen Ländern dieser Welt mit Verkehrssündern schon ganz anders umgegangen.
Hierzulande kann man Punkte erspielen. Jeder Spielzug, wie zum Beispiel Mißachtung des Rotlichts der Singnallichtanlage, zu schnell fahren, oder gar zu langsam fahren wird mit einer angemessenen Punktzahl belohnt. Die Spielführung trägt das dann in einem Ranking ein, das so groß und lang ist, dass man dafür die gesamte Stadt Flensburg anmieten musste.
Andere Länder haben kein Flensburg und müssen sich daher irgendwie anders behelfen.
In Manila auf den Philippinen zum Beispiel, wird einem nicht der Führerschein entzogen oder entwertet. Auch gibt es dort keine Punktelisten wie bei uns in Deutschland. Dort wird bei einem Vergehen im öffentlichen Straßenraum einem die Wahl gegeben, die Pappe zu behalten, wenn man sich dort auf der Rückseite per Häkchen an der dafür vorgegebenen Stelle verpflichtet, als Organspender im Fall der Fälle zur Verfügung zu stellen.

"Der nächste Baum iss Deiner, Volltrop!"

Ein tiefergelegter BMW in dunkler Farbe kurvt mit quietschenden Reifen um unsere automobile

Wartegemeinschaft herum. Ein potentieller Organspender!

Ich überlege mir, wie es wäre, wenn man dieses philippinische System auf Deutschland anwenden würde. Man könnte es ja dann auch staffeln.

Sagen wir 20 Kilometer zu schnell: eine Nasenschleimhaut. Bei 50 Kilometer zu schnell: die Hoden. Bei roter Ampel: eine Niere. Bei roter Ampel mit Blechschaden: zwei Nieren. Braucht man dann ja auch nicht wirklich, so eine Niere.

Und die Krankenkassen und den bundesrepublikanischen Gesundheitshaushalt würde das unheimlich entlasten.

In Manila läuft es ja im Prinzip schon so. Wer keinen Strafzettel bezahlen kann und/oder seinen Führerschein behalten möchte, verpflichtet sich zur "freiwilligen" Abtretung eines Teils seines Körpers. Sehr gern gesehen sind dort Herz und Nieren. Besonders hoch auf dem Markt sind frische Netzhäute. Die dortigen Polizei-Organe sind laut einem Artikel in der Berliner Zeitung sogar eine Partnerschaft mit der nationalen Augenspendebank eingegangen.

Natürlich nehmen die Straßenverkehrsbehörden nun weniger ein, profitieren aber von der Entlastung des öffentlichen Straßenlandes von der verringerten Zahl aktiver Straßenverkehrsteilnehmer.

Wenn auch interessant, ist es realistisch betrachtet, auch von der ethischen Seite her, dann eher doch kein umsetzbares Modell für unser deutsches Land.

"Haste keene Oogen im Kopp, Du Blindschleiche?! Im Urlaub in Manila gewesen?"

Der Kleinwagen hat es nun doch geschafft und beim Abbiegen fast noch einen Radfahrer mitgenommen. Bei dieser Ignoranz gegenüber anderen Verkehrsteilnehmern, zudem noch schwächeren, könnte ich mich glatt aufregen.

Also wirklich.

Mach ich aber nicht.

Ich bin ja die Ruhe selbst!

Flugangst

"Müllers-Busreisen - Wir fahren Sie nahezu überall, zu nahezu jeder Zeit! Sie sprechen mit Harald. Was kann ich für Sie tun?"
Harald meldet sich wie gewohnt mit diesem schon tausende Male aufgesagten Spruch am Telefon. Er hat mal wieder Telefondienst. Immer dann, wenn die anderen Mitarbeiter selbst im Urlaub sind - das hatten sie sich nach der stressigen Sommer-Reise-Saison auch redlich verdient - dann, ja dann musste Harald ran. Und Harald hasst das. Es ging ja nicht nur darum Reisewilligen den speziellen maßgeschneiderten Service von Müllers anzupreisen. Irgendwie war man auch Telefonseelsorge für all diejenigen, die sich in allerletzter Verzweifelung an Müllers wenden, da sie im regulären Angebot der meisten Reiseanbieter nicht fündig wurden.
Nach einem kurzen Moment der Stille meldet sich auf der anderen Seite der Leitung eine leicht krächzende und zugleich schüchtern wirkende Stimme: "Äh, ja?!...ich...äh....ich habe Flugangst, wissen Sie ?!"
"Nein, wußte ich bisher nicht. Wohin möchten Sie denn mit Müllers fahren?"
"In'n Harz!"
Harald schaudert es in diesem Moment. Harz! Ausgerechnet in den Harz! Müllers fährt auf Wunsch nahezu überall hin. Nach Sibirien, Afghanistan, in die Schweiz, in das Amazonas-Gebiet! Sogar nach Hannover! Aber Harz?
"Ja, in den Harz! Ich habe doch solche Flugangst! Und muß doch pünktlich am 31. zum Sabbat da sein. Auf'm Brocken!"

Harald wird es nun zuviel. Nicht nur Harz, auch noch Brocken.

"Wir treffen uns da zweimal im Jahr, wissense?!", setzt die unangenehm kratzige Stimme fort, "Zur Walpurgisnacht und zu Helloween. Uns geht das mit den ganzen Gespenstern, Kürbissen und Kindern total auf den Geist. Voriges Mal hat mich noch Tante Eusebia, 'Die Schwarze', mitgenommen. Und ich vertrag doch den Flug auf'm Besen nicht...! Mir wird da immer so panisch! Gibt es an Bord des Busses während der Fahrt auch was zu essen?"

"Ja! Was Sie auch möchten: entweder was Süßes! Oder was Saures!"

Harald trennt die Leitung. Er hasst diese Telefondienste, wenn immer nur diese Irren anrufen.

„Danke, Terry!" – Der Autor

Inhalt

Bild- und Veröffentlichungsnachweise

Umschlagfoto: Andrea Schott

Fotos auf S. 16, 31, 47, 62, 77, 109, 124, 140: alle
Holger Haak

Foto v. Holger auf S. 92: privat

Zeichnung auf S. 158: Gunter Scholtz

„Nie wieder" und „Schlüsselerlebnis"
in „Wer Braucht Das? – Anthologie 2009",
BoD Norderstedt 2009

„Himmlische Spiele"
in „The Punchliner Nr. 7", Verlag Andreas Reiffer,
2010

„Aus Holgers Küchenstudio" in „The Punchliner Nr.
8", Verlag Andreas Reiffer, 2011

Der Autor

Holger (*03.09.1971) lernte um die Jahrtausendwende die Berliner Lesebühnenszene kennen und lieben. Der Impuls selbst wieder schriftstellerisch tätig zu werden, ließ nicht auf sich warten.
Er begründete die Lesebühne „Wer Braucht Das?" mit, welche von 2007 – 2010 bestand. Im Mai 2011 dann die Lesebühne „Amygdala" aus Gründen, mit welcher er nach wie vor Live-Auftritte absolviert.
Aktiv im Verein Kreatives Schreiben e.V., welcher eine jährliche Sommerschreibwerkstatt für Jugendliche ausrichtet. (www.schreibwerkstatt-berlin.de)

Er wohnt mit Partnerin, sowie einem BKH-Kater, und einer riesigen Tonträgersammlung im Berliner Stadtteil Wedding und lässt kaum eine Gelegenheit verstreichen, mit seinen Texten vor Publikum aufzutreten.

www.holgerhaak.de
www.facebook.com/holgerhaakberlin

Amygdala

Die einzig wahre Lesebühne im Soldiner Kiez

An jedem 3. Samstag eines Monats um 20.00 Uhr (verdammt pünklich!) lesen die Amygdalaner im „Kamine und Wein" ihre eigenen Texte, machen Musik, oder etwas Anderes.

Amygdala sind Holger Haak, Christine Mösch, Gunter Scholtz & Gaby Maria Walter.

„Kamine und Wein", Prinzenallee 58, 13359 Berlin

www.amygdala-berlin.de
www.facebook.com/AmygdalaBerlin

Schade, schon vorbei.